JOHN LENNON
por ele mesmo

LIVRO-CLIPPING

JOHN LENNON
por ele mesmo

MARTIN CLARET

Créditos

© *Copyright* desta edição: Editora Martin Claret Ltda., 2004.

Marco Antônio Mallagoli: pesquisador, organizador e tradutor deste livro. É paulistano, preside o *Fan Club Revolution*, além de ser correspondente do jornal *O Estado de São Paulo* e radialista da *Rádio Brasil 200 FM*.

IDEALIZAÇÃO E REALIZAÇÃO
Martin Claret

MIOLO
Revisão
Rosana G. Citino

Editoração Eletrônica
Editora Martin Claret

Projeto Gráfico
José Duarte. T de Castro

Papel
Off-Set, 70g/m²

Direção de Arte
José Duarte T. de Castro

Impressão e Acabamento
Psi7

EDITORA MARTIN CLARET LTDA.
R. Alegrete, 62 - Bairro Sumaré - CEP: 01254-010
São Paulo - SP - Tel.: (11) 3672-8144 - Fax: (11) 3673-7146

Agradecemos a todos os nossos amigos e colaboradores — pessoas físicas e jurídicas — que deram as condições para que fosse possível a publicação deste livro.

www.martinclaret.com.br

2ª REIMPRESSÃO - 2014

JOHN LENNON

Índice

PREFÁCIO DO EDITOR *O propósito da coleção* O Autor por Ele Mesmo	7
UM ESTUDO *John Lennon: como se tornou o que era*	11
CRONOLOGIA *John Lennon: ano, mês e dia*	29
POR ELE MESMO E OUTROS TEXTOS *Entrevista a fã-clube norte-americano / e outros textos*	65
POR OUTROS *Uma recordação / e outros textos*	151
DISCOGRAFIA	167
FILMOGRAFIA	171
LEITURA RECOMENDADA	175

John Lennon em uma de suas primeiras fotos promocionais, 1963.

PREFÁCIO
do Editor

O propósito da coleção
O Autor por Ele mesmo

Martin Claret

    Estudos da História moderna têm revelado que somos uma civilização construída sobre os fundamentos da escrita. O Homem, no seu aspecto histórico-cultural, tem sido, grandemente, um produto do livro.

    Um recente relatório da UNESCO, sobre o hábito da leitura no mundo, conclui que nenhum outro processo de comunicação — inclusive o eletrônico — é instrumento mais adequado de treino mental e fortalecimento do poder da imaginação do que o contato humano com o material impresso de boa qualidade: o livro.

    Educadores e cientistas sociais têm constatado que, ao lado da informação de massa, vem se desenvolvendo a "moderna sociedade instruída" — uma sociedade que não só garante a todos uma instrução básica, mas também se preocupa com o ensino dos adultos.

    No mundo de hoje e no de amanhã, jamais deixaremos de ser alunos. O educador moderno está aperfeiçoando esse ideal de educação permanente, em jovens e adultos. Neste contexto educacional, o livro é o instrumento fundamental.

Aqui, ousamos "futurar", com o mestre Antônio Houaiss, fazendo nossas as palavras que ele escreveu em seu magnífico prefácio para A Construção do Livro, *de autoria de Emanuel Araújo: "(...) o livro, materialmente, na sua feição mais requintada ou mais generalizada presentes — folhas de papel impresso, alçadas, coligadas e vestidas numa unidade normalmente portátil (mesmo que a duas mãos) —, esse livro pode desaparecer: mas não desaparecerão, com sua fisicidade, as suas mensagens e seus códigos (...) O computador que equivaler à soma de todos os livros será um servo daqueles dialetos — da linguagem oral, que é sobretudo resultado dialético da linguagem escrita (...)*

O 'Livro' poderá, assim, para certos fins, apresentar-se sob outra técnica física. Mas, enquanto perdurar o rigor da leitura a sós, o enlevo da leitura, a emoção do manuseio sensual das páginas, enquanto isso perdurar, teremos os livros-livros, esses que estão aí tão incorporados à nossa maneira de sermos humanos (tanto assim que, onde ele não é isso, aí impera o atraso, a sotoposição, a exploração)".

Também Jorge Luis Borges, o extraordinário escritor argentino — ele amava infinitamente os livros —, conceituou, com incrível lucidez e alcance universal, a importância do livro. Eis o seu pensamento: "Dos muitos instrumentos inventados pelo homem, nenhum pode comparar-se nem de longe ao livro, porque os outros instrumentos são extensões, são mecanismo desse outro mecanismo que é o nosso corpo... Em troca, o livro é uma extensão da memória e da imaginação".

Sim, o livro — esse fundador de civilizações — continuará a influenciar, com dinâmico impacto, o infinito universo de nossas possibilidades.

Nós, que existimos e nos movemos no mundo dos livros; nós, que criadoramente amamos o livro em todas as suas formas e tecnologias, acreditamos substantivamente na função do livro.

A criação e a publicação desta coleção O Autor por Ele Mesmo *são o resultado final de uma pesquisa de campo, em que se detectou um perfil de leitor: o jovem com um projeto de vida, desejoso de saber mais e consciente da necessidade de atualizar o seu potencial. Vem para atender a uma necessidade cultural e de mercado.*

A coleção O Autor por Ele Mesmo *não é uma simples série de fascículos, de seqüência obrigatória. É uma biblioteca permanente de livros independentes. Dinamicamente ilustrado, foi diagramado para oferecer uma leitura fácil e agradável.*

É um moderno e informativo estudo, destinado principalmente à juventude.

Os doze primeiros personagens foram selecionados pela nossa coordenação editorial, mas a coleção é uma proposta aberta e aceita permanentemente sugestões editoriais e de títulos. O limite quantitativo da coleção será determinado pelos próprios leitores.

*Nosso projeto editorial é oferecer o livro ciberneticamente construído — o livro-*clipping*—, cujas características sejam: custo barato, "livro para ler"; encontrável em qualquer parte e elaborado de forma a atender à nossa realidade cultural e socio-econômica. Nosso modelo para inovar foi copiar o processo criador da própria Natureza — "fazer o novo a partir do velho".*

Acreditamos lobatianamente ("um país se faz com homens e livros") que a leitura de textos fundamentais dos grandes personagens da Humanidade é benéfica, instrutiva e motivadora em si, com força capaz de complementar convenientemente a formação da mentalidade das gerações presentes e futuras, despertando potencialidades e vocações.

Participe positivamente.

Você nunca é o mesmo depois de ler um livro.

Livro muda as pessoas.
Livro muda o mundo.
Leia mais para ser mais!

John Lennon em Nova York, 1970.

JOHN LENNON
Um Estudo

John Lennon:
como se tornou o que era

Jonathan Cott

"Será que alguém vai ouvir a minha história?", perguntou John Lennon na canção *Girl*, do LP *Rubber Soul*, de 1965. E essa foi uma das perguntas mais irônicas da história da música popular, pois parecia que todo mundo queria ouvir sua história — ou pelo menos a história do que se passava com os quatro Beatles.

"Nenhum de nós teria conseguido sozinho", explicou certa vez Lennon, "porque Paul não era suficientemente forte, eu não tinha muito charme com as mulheres, George era quieto demais, e Ringo era o baterista. Mas nós achamos que, se nos juntássemos, cada pessoa poderia gostar de pelo menos um de nós; e foi nisso que deu". De fato, cada um dos Beatles veio a ser visto e considerado, simbolicamente, como os quatro evangelistas, ou como os quatro elementos. E, num certo sentido, cada Beatle — de acordo como ficaram definidos pelo rosto, gestos, voz e canções — assumiu um papel arquetípico: Paul, doce e sensível; John, cético e malicioso; George, místico e misterioso; e Ringo, infantil, porém com

senso comum. Esses papéis foram fixados para sempre no filme *A Hard Day's Night* (*Os Reis do iê-iê-iê*) e santificados no desenho animado *Yellow Submarine* (*Submarino amarelo*). Porém, mesmo correndo o risco de menosprezar compositores de lindas canções como *Here, There and Everywhere* (Paul), e *Here Comes the Sun* (George), parece claro, em retrospectiva, que havia um Beatle que incorporava todas as características e qualidades citadas acima, e que este era John Lennon.

Quanto mais John se desenvolvia como pessoa e como artista, mais facetas de si mesmo revelava. Referindo-se à bem conhecida imagem da girafa passando por uma janela, ele disse certa vez: "As pessoas estão sempre vendo apenas pequenos fragmentos, mas eu tento e vejo o todo... não só na minha própria vida, mas o universo todo, o jogo todo". John continha multidões ("Eu sou ele, como você é ele, como você sou eu e nós somos todos juntos"), era ao mesmo tempo o *Nowhere Man* e o *Eggman* (Homem de nenhures e Homem-ovo), e dessa unidade e multiplicidade, como Walt Whitman, John teceu a canção de si mesmo. Uma canção que inclui hinos (*Give Peace a Chance*) e colagens oníricas (*Revolution 9*), retratos (*Mean Mr. Mustard*) e declarações (*I Want You*), meditações (*Strawberry Fields Forever*) e exortações à ação (*Power to the People*); era uma canção de sentimentos e emoções contrastantes: exaustão (*I'm So Tired*) e alerta (*Instant Karma!*), necessidade (*Help!*) e independência (*Good Morning, Good Morning*), depressão (*You've got to Hide Your Love Away*) e euforia (*Whatever Gets You Thru the Night*), reflexão (*In My Life*) e raiva (*How Do You Sleep?*), dor (*Yer Blues*) e prazer (*I Feel Fine*), resistência (*Run for Your Life*) e delicadeza (*Julia*); era uma canção apresentando diferentes modos de expressão: ironia (*Happiness Is a Warm Gun*), grito primitivo (*Mother*), sermões (*Me Word*), protesto político (*John Sinclair*) e absurdo (*I Am the Walrus*); e era uma canção que manifestava diferentes estados de ser: o trágico (*Isolation*), o cômico (*Polyhene Pam*) e o cósmico (*Across the Universe*).

Como já sabia Walt Whitman, a arte e a vida de uma pessoa que contém multidões geralmente são cheias de contradições. John Lennon era um líder nato. Foi ele quem trouxe Paul para o Quarrymen (Paul trouxe George, e George trouxe Ringo), e foi ele que, cedo ainda, tinha já a impressão de ser fora de série. ("Eu já era um tipo original no jardim da infância. Eu era diferente dos outros... Quando tinha mais ou menos doze anos eu costumava pensar: eu devo ser um gênio, mas ninguém percebeu.") Mas John foi um líder que partilhou sem restrições seus poderes criativos em colaboração com Paul McCartney e Yoko Ono.

John era um roqueiro irrecuperável que teve sua vida mudada para sempre por *Heartbreak Hotel* ("A primeira vez que ouvi esta música eu larguei tudo.") e por *Long Tall Sally* ("Quando eu ouvi esta música pela primeira vez eu nem conseguia falar."), e que chegou a pensar que *avant-garde* queria dizer "bobagem" em francês. Mas John estava sempre experimentando, mesmo enquanto Beatle, com fitas tocadas ao contrário, montagens sonoras e filmes de oito milímetros não-narrativos, tendo produzido uma obra-prima de vanguarda em *Revolution 9*. Mais tarde, viria a enaltecer a música de Yoko ("Ela faz uma música que você nunca ouviu no mundo... É tão importante quanto tudo que nós já fizemos... como tudo que os Stones ou o Townshend já fizeram."), e constumava comparar algumas das músicas mais extravagantes de Yoko a *Tutti Frutti*!

John não cresceu apenas forte e bravo, mas também delicado e vulnerável. ("Eu estava dividido entre ser o Marlon Brando ou o poeta sensível, a parte Oscar Wilde de mim, com o lado feminino, de veludo.") Ele era um ser humano solidário e pacífico, tão em contato com seus sentimentos que podia, a qualquer momento, investir verbalmente contra aqueles que considerasse estar agindo de maneira hipócrita, ou que tivessem abusado dele ou, principalmente, de Yoko. ("As pessoas querem que eu seja... amável. Mas eu nunca fui

John, com oito anos de idade, com sua tia Mimi Smith, em Liverpool.

isso. Já na escola eu era simplesmente Lennon. Ninguém jamais pensou em mim como um cara bonzinho.")

John às vezes era inseguro, às vezes presunçoso. ("Uma parte de mim suspeita que eu seja um perdedor e outra parte de mim pensa que sou Deus todo-poderoso.") Era também uma pessoa crédula e confiante, mas que falava freqüentemente — e, da maneira como as coisas aconteceram, de uma forma premonitória — de sua paranóia e de sua desconfiança. ("Do jeito que as coisas vão, eles vão me crucificar.") E mesmo que ocasionalmente se mostrasse teimoso, conseguiu desenvolver um alto grau de flexibilidade que permitia que se manifestasse em movimento, que assumisse riscos — pessoais e artísticos —, e que vivesse continuamente no presente. ("Algumas pessoas gostam de pingue-pongue, outras gostam de desenterrar cadáveres. Tem gente que faria qualquer coisa para não estar aqui e agora... Eu não acredito em ontem.") E, finalmente, John foi um líder que renunciou a seu império e à sua coroa para ser verdadeiro consigo mesmo. (É bem difícil quando você é César e todo mundo está dizendo o quanto você é maravilhoso e estão dando a você todas as coisas boas e as garotas; é muito difícil romper com tudo e dizer: bem, eu não quero ser rei, eu quero ser real.")

"Eu saí (dos Beatles) fisicamente quando me apaixonei por Yoko", disse Lennon pouco tempo antes de sua morte, "mas, mentalmente, foi uma luta que se estendeu pelos últimos dez anos. Eu aprendi tudo com ela". De fato, Yoko tornou-se sua professora, sua guru, sua alma-guia (como a Beatriz, de Dante), ou, como o próprio John nos diria em *One Day (at a Time)*, ele era a porta e ela era a chave. Yoko simplesmente possibilitou que John fosse o que foi.

Após o encontro dos dois na exposição de Yoko na Indica Gallery, em 1966, John costumava receber "instruções" dela pelo correio ("respire, bata com a cabeça na parede"); John estava perplexo, porém intrigado. Eles se tornaram amantes em 1968, depois de terem ficado acordados uma noite inteira e, ao amanhecer, terem criado a adorável simbiose musical Oriente/ Ocidente que chamaram de *Two Virgins*, em cuja foto de capa os dois posaram nus juntos. Yoko levou John até onde ele não iria. "Eu sempre quis ser um milionário excêntrico, e agora sou", diria ele pouco tempo depois. "Foi Yoko quem me mudou. Ela me forçou a ser de vanguarda e tirar a roupa quando tudo que eu queria era ser um Tom Jones. E olhe para mim agora." Mas John disse também: "As pessoas têm de perceber... que ficar nu não é obsceno. O importante é sermos nós mesmos. Se todas as pessoas fossem o que são, em vez de fingirem que são o que não são, existiria a paz". E no *Álbum Branco*, com os Beatles, John, inspirado por Yoko, cantou sua muito negligenciada e hilariante canção de libertação, dizendo ao mundo da energia, da abertura e do destemor recém-encontrados:

> *The deeper you go the higher you fly.*
> *The higher you fly the deeper you go.*
> *So come on, come on...*
> ("Quanto mais fundo se vai mais alto se voa.
> Quanto mais alto se voa mais fundo se vai.
> Então vamos lá, vamos lá...")
>
> *"Everybody's Got Something to Hide*
> *Except Me and My Monkey"*
> ("Todo Mundo tem Alguma Coisa
> a Esconder menos Eu e o Meu Macaco")
> (John Lennon e Paul MacCartney)

John Lennon havia se rendido ao seu amor por Yoko Ono. ("Sim, é rendição, você tem de deixar, você tem de deixar acontecer", cantaria depois em *Mind Games*, uma de suas mais inquietantes composições.) E a partir do momento em que ele e Yoko se tornaram um casal, o Beatle John Lennon começou a aprender a se tornar "John Lennon" outra vez. Por

> "Se o homem buscasse conhecer-se a si mesmo primeiramente, metade dos problemas do mundo estariam resolvidos".

exemplo, em seu primeiro disco-solo *John Lennon / Plastic Ono Band*, ele lançou fora imagens extravagantes e excessivas de temas como *I Am the Walrus* e, *Come Together*. Como ele próprio explicou certa vez:

"Desde o disco *Mother*, eu comecei a tentar aparar todas as imagens, pretensões de poesia, ilusões de grandeza, o que eu chamo *à la Dylan*... O negócio é simplesmente dizer o que é, em inglês simples, fazer com que rime, colocar um ritmo e se expressar o mais simples e diretamente possível".

Em *Girl*, Lennon havia cantado: "Será que lhe disseram, quando jovem, que a dor levaria ao prazer?" Mas foi neste explosivo novo disco — que eu gosto de definir como o trabalho de um Lobo Uivante, inspirado em parte pela terapia do grito primitivo de John e Yoko com o psicanalista Arthur Janov — que ele despiu letras e música para entrar e explorar, emocionalmente nu, um mundo direto e concentrado de dor. Isso se tornou o assunto de quase todas as canções: "Não deixe que eles te enganem com fumo e cocaína / Não vai te fazer mal sentir a própria dor" (*I Found Out*); "Deus é um conceito / Pelo qual medimos/ Nossa dor" (*God*). E de uma forma muito real, sua dor foi seu despertar — de um mundo de ilusão pessoal e mentiras sociais. ("Assim que você nasce, eles fazem com que se sinta pequeno /Tirando todo seu tempo e não dando nenhum" — *Working Class Hero*.) O disco foi certamente uma das mais extraordinárias criações da história do *rock and roll*.

Em *Imagine*, seu disco seguinte, Lennon apresentou um "pacote" musical mais lírico e acessível, mas suas canções eram ainda inquietas e subversivas, pois sua dor ainda estava forçando-o a abrir os olhos para todas as coisas: politicamente ("Nenhum filho do Tricky Dicky de cabelo curto e barriga amarela /Vai me ensaboar e amolecer com histórias da Carochinha / Apenas com um bolso cheio de esperança" — *Gimme Some Truth*.) e psicologicamente ("Você pode usar máscara e pintar o rosto / Você pode se dizer da espécie humana /Você pode usar terno e gravata /Mas uma coisa você não pode esconder / É quando você está aleijado por dentro" — *Crippled Inside*.)

Sua dor podia se transformar em raiva, como em seu ataque à criatividade dormente de Paul McCartney na corrosiva *How Do You Sleep*? John explicaria depois: "Eu estava ressentido e por isso usei aquela situação, a mesma que usei quando larguei da heroína para escrever *Cold Turkey*". Ele retomou mais tarde o assunto de seu próprio irreprimível ciúme — um tema que já havia abordado com os Beatles em composições anteriores como *No Reply, Run for Your Life* e *You Can't Do That* — e tentou compreender seu devastador poder, chegando até o cerne do sentimento, descrevendo a maneira e o processo como o ciúme se manifesta em nossos corpos e, assim fazendo, permitiu que esse sentimento fosse vivido como algo rico e estranho:

I was dreaming of the past
And my heart was beating fast

I began to lose control
I began to lose control
I was feeling insecure
You might not love me anymore
I was shivering inside
I was shivering inside
I was trying to catch your eyes
Thought that you was trying to hide
I was swallowing my pain
I was swallowing my pain

Jealous Guy (John Lennon)

("Eu estava sonhando com o passado
Meu coração batia acelerado
Comecei a perder o controle
Comecei a perder o controle
Estava me sentindo inseguro
Você poderia não me amar mais
Eu estava tremendo por dentro
Eu estava tremendo por dentro
Eu queria capturar seus olhos
Pensei que você estava tentando esconder
Eu estava engolindo minha dor
Eu estava engolindo minha dor")

Cara ciumento

Mas a dor levou-o também a enxergar nobres verdades, como em sua canção *Imagine* — "anti-religiosa, antinacionalista, anticonvencional, anticapitalista", de acordo com a definição de John —, de nossas possibilidades como seres humanos: "Você pode dizer que sou um sonhador / Mas eu não sou o único / Espero que você um dia junte-se a nós/ E o mundo será como um só".

A musa do LP foi Yoko, é claro, cujo desenho da capa mostrava o rosto de John nas nuvens, e para quem ele compôs uma de suas canções mais sentimentais (*Oh, My Love*) e uma de suas canções mais alegres (*Oh, Yoko!*). Mas foi ela que o mandou seguir seu caminho, em 1973, pelo que ele chamou de um "fim de semana perdido de dezoito meses", e também para uma viagem sozinho a Hong Kong, no final da década de 1970, quando ele ficava andando sozinho pela cidade, acordando às cinco da manhã para ver o amanhecer. Durante esse período, no meio de um banho, um dia John redescobriu a si mesmo. "Eu estava simplesmente muito relaxado", diria ele depois. "E foi como um reconhecimento. Meu Deus! Sou *eu*! Esta pessoa relaxada sou *eu*. Eu me lembro desse cara de muito tempo atrás! Daí eu telefonei para Yoko e disse: 'Adivinha quem é? sou *eu*! sou *eu* aqui'. Eu era John Lennon antes dos Beatles, e depois dos Beatles, e assim seja."

"Saindo de tais abismos", escreveu certa vez Nietzsche — como se estivesse descrevendo o momento —, "e saindo também do abismo de uma grande suspeita, os que retornam voltam renascidos, depois de terem trocado de pele, mais sensíveis e sarcásticos, com um gosto mais delicado pela alegria, com um língua mais suave para todas as coisas boas, com os sentidos mais vivos, com uma perigosa segunda inocência na alegria, mais infantil, porém cem vezes mais sutil do que antes". E em *Double Fantasy*, o último trabalho conjunto de John e Yoko, eles revelam claramente essa alegria e sutileza.

À parte a beleza de canções como *Beautiful boy* e *Every Man Has a Woman Who Loves Him*, pode se notar uma misteriosa colagem sonora no lado 2 — que dura menos de um minuto —, entre *Watching the Wheels* de John (uma variação temática de sua maravilhosa *I'm Only Sleeping*) e a encantadora alusão à década de 1930, *I'm Your Angel*, de Yoko. Nessa colagem, ouve-se o que parece ser a voz de um falcoeiro, depois alguns segundos de música grega tocada em balalaica, seguida pelos sons de uma carruagem puxada

a cavalos e de passos, depois uma porta batendo e algumas frases tocadas por um piano e um violino num restaurante. Quando perguntei a John sobre essa colagem, pouco antes de sua morte, ele me respondeu:

"Uma das vozes sou eu falando: 'Deus te abençoe, homem, muito obrigado, você tem cara de quem tem sorte e', que é o que dizem os caras na Inglaterra que esmolam ou querem uma gorjeta, é isso que você me ouve murmurando. Depois nós recriamos os sons do que eu e Yoko chamamos de Sala de Violino e Morangos, o Palm Court, do Hotel Plaza. Nós gostamos de ir lá ocasionalmente para ouvir violino, tomar chá e comer morangos. É romântico. Então a imagem é assim: tem esse tipo de profeta de rua, um cara do tipo que se encontra no Hyde Park, que fica olhando o tempo passar e falando o que estiver falando. E as pessoas estão atirando moedas no chapéu. (Nós fizemos isso no estúdio, com gente andando pra cima e pra baixo e jogando moedas num chapéu.) E elas estão jogando dinheiro no chapéu e ele está dizendo obrigado, obrigado, depois a gente entra numa carruagem, dá uma volta por Nova York e entra num hotel, e os violinos estão tocando, e depois esta mulher chega e canta sobre ser um anjo."

E em *I'm Your Angel*, Yoko canta: "Eu estou no seu bolso / Você está no meu broche / E nós temos tanta sorte de todas as maneiras". Os dois deviam ter algum anjo da guarda cuidando de seu relacionamento, pois começando de novo, após treze anos como casal, eles pareciam mais felizes do que nunca.

"Tudo pelo amor, e que se dane o mundo", sempre foi a palavra de ordem dos amantes românticos. Mas nos primeiros anos do seu relacionamento, John e Yoko poderiam ter dito: "Tudo pelo amor e venha a nós o mundo". ("Apenas um rapaz e uma garotinha /Tentando mudar o inteiro e grande mundo", foi o que John cantou em sua canção *Isolation*.) Na época, os dois estavam envolvidos nos eventos *bag* e nos

John, com dez anos,
na frente da casa da tia Mimi.

John aos nove anos
de idade.

John, com sete anos, com o cachorrinho,
em Liverpool.

"Acho que, até agora, as pessoas não tentaram fazer propaganda da paz. Vamos fazer de conta que a paz é algo novo, porque nós nunca a tivemos. Então a gente começa a fazer propaganda: compre, compre, compre".

bed-ins pela paz — "na tradição de Gandhi, só que com senso de humor", como o próprio John definiria. *O London Daily Mirror* descreveu-o como o Palhaço do Ano de 1969, e ele e Yoko foram motivo de riso, condescendência e escárnio de muita gente. Tirar as roupas, receber jornalistas na cama e plantar flores não era a imagem adequada para dois grandes amantes românticos. Mas era exatamente essa ingenuidade e esse comportamento cômico que os tornavam tão reais e acreditáveis como moderno casal romântico — apenas dois bobos poderiam estar tão apaixonados! E à sua maneira, como poucos outros na história, John e Yoko viveram vidas que agiam no mundo cotidiano dos dramas arquetípicos da imaginação. Eu sempre pensava neles quando lia as cartas de Abelardo e Heloísa, os desafortunados amantes do século XII, ele um famoso filósofo, teólogo, poeta e músico; ela, sua pupila, amor paralelo, esposa, depois abadessa de um convento. Abaixo, uma carta de Heloísa para Abelardo:

"Além do que, eu admito, você tinha dois talentos especiais para ganhar instantaneamente o coração de qualquer mulher: seus talentos para compor versos e canções, no que se sabe que outros filósofos raramente foram bem-sucedidos... A beleza dos seus versos assegurou que até mesmo os incultos não o esquecessem; mais do que tudo, isso fez as mulheres suspirarem de amor por você. E como a maioria dessas canções falava do seu amor, elas logo me tornaram muito conhecida, e atraíram contra mim a inveja de muitas mulheres. Pois sua masculinidade era adornada por toda graça da mente e do corpo, e entre as mulheres que me invejaram não poderia haver, então, uma que se sentisse compelida por meu infortúnio a simpatizar com a minha perda dessas alegrias? Quem é que um dia foi meu inimigo, seja homem ou mulher, que agora não se sente comovido pela compaixão que é meu tributo?"

É uma carta que Yoko Ono poderia ter escrito depois da morte de John.

Mas John e Yoko viveram também a mitologia de deuses e deusas. Lennon uma vez descreveu Yoko como sua "deusa do amor e a realização de toda minha vida". *Em Mother of the Universe*, do LP *Season of Glass*, Yoko canta um hino à Deusa-Mãe: "Você nos deu vida e proteção / E nos vê através de nossa confusão/ Ensine-nos o amor e a liberdade/ Como deve ser".

É interessante saber que Yoko era profundamente interessada em arte e antiguidades egípcias — uma grande coleção, inclusive uma múmia em tamanho natural, foi trazida por ela para casa. Como ela mesma dizia: "Eu faço questão de comprar todas as coisas egípcias, não por causa do valor, mas por causa de seu poder mágico". E é a antiga deusa egípcia Ísis que Yoko parece mais reverenciar — a deusa que considerava as vacas sagradas e que foi outrora esposa e irmã de Osíris, o deus e rei supremo da eternidade, que foi morto e desmembrado e depois revivido e ressuscitado por Ísis.

Segundo as palavras de William Irwin Thompson, Osíris é "um espírito de crescimento e transformação, expressando a transformação da barbárie em civilização. Assim como a Lua secretamente exorta a planta ao crescimento, Osíris exorta a humanidade a sair da selvageria, do canibalismo e dos sacrifícios humanos para uma nova era de agricultura e arte da música e da poesia". Ainda segundo William Irwin Thompson, "a figura de Osíris nos remete até a antiga religião do Neolítico, em que Ísis seria a Grande-Mãe e Osíris, seu filho e amante".

A Ísis de John era ao mesmo tempo mãe e esposa. "Eu às vezes a chamo de mãe", disse ele certa vez, "porque eu costumava chamá-la de madre superiora". "Ela é a madre superiora, ela é a mãe-fera, ela é a mãe do meu filho, ela é minha mãe, ela é minha filha... O relacionamento passa por muitos níveis, como a maior parte dos relacionamentos; não existe nenhuma estranheza profunda nisso". Porém, a ressonância mística com Ísis e Osíris está aí, assim como a semelhança com a famosa saudação de Heloísa a Abelardo: "Para meu mestre, ou melhor, meu pai, marido, ou melhor, irmão; sua companheira, ou melhor, sua filha, esposa, ou melhor, irmã; para Abelardo, de Heloísa".

Pode-se pensar ainda numa gravura do *Soul of the World*, do século XVII, que mostra alguns dos símbolos associados com Ísis: cabelos longos e flutuantes; uma meia-lua no ventre e um pé sobre a água e o outro na terra. Ela esta em pé, nua, acorrentada a Deus, enquanto o homem (representado como um macaco) está acorrentado a ela; pode-se lembrar da fotografia tirada por Annie Leibovitz no dia em que Lennon foi morto, mostrando um John nu em posição fetal agarrado ao corpo de Yoko.

John Lennon foi um adorador da deusa. Foi também um marido "dono de casa" durante cinco anos, enquanto Yoko tomava conta de todas as questões legais e comerciais. Pode-se pensar em Heródoto escrevendo sobre o Egito do século V a.C.: "As mulheres vão ao mercado e trabalham no comércio, enquanto os homens ficam em casa tecendo". Pois a Lenonos — o nome da companhia editora das músicas de John e Yoko — parecia se inspirar no antigo Egito. Ou numa casa às avessas de conto infantil, como lembrou Lennon em *Clean-up Time*: "A rainha está na contadoria / Contando o dinheiro / O rei está na cozinha / Fazendo pão e mel".

Fazendo pão ou vendo o tempo passar, John Lennon viera a ser o que era. Daí, uma noite, em 1980, numa discoteca nas Bermudas, onde estava em férias com seu filho Sean, John ouviu pela primeira vez uma canção chamada *Rock Lobster*, do conjunto B-52. A música era parecida com as de Yoko, e John disse a si mesmo: "É hora de pegar a velha guitarra e acordar a mulher!" Nas Bermudas, John tinha levado Sean ao jardim botânico, onde viu uma flor chamada Dupla Fantasia (*Double Fantasy*). "É uma espécie de frésia", disse John, "mas para nós ela significa que, se duas pessoas imaginam a mesma imagem ao mesmo tempo, aí está o segredo". Assim John e Yoko resolveram voltar ao mundo da música e partilhar seu segredo. A balada de John e Yoko terminou no dia 8 de dezembro de 1980, mas o romance que tiveram viverá para sempre.

A Balada de John e Yoko é um relato do romance de John e Yoko da forma como se manifestou na vida e na arte do casal. ("Nossa vida é nossa arte", disse John certa vez.) Acima de tudo, é um tributo e uma homenagem a um dos mais extraordinários artistas de nosso século. Durante sua vida, John Lennon jamais deixou de correr riscos; e, à medida que continuava a crescer e se desenvolver, nos revelava o que tinha aprendido com humor, intensidade e sabedoria. Em *The Ballad of John and Yoko* ele cantava: "Ontem à noite a mulher me disse / Oh, moço, quando você morrer/ não vai levar/ nada além da sua alma". Mas John não parou aí, pois, fazendo uma pausa depois da palavra *alma*, acrescentou outra palavra: *Pense!*("Oh, moço, quando você morrer/ não

vai levar/ nada além da sua alma — Pense!"). Sua mensagem sempre foi a de que devemos despertar.

"Realize o seu sonho", disse John no final da vida. "Você mesmo vai ter de fazer isso... eu não posso acordar você. Você é quem pode se acordar". E também apontou o caminho: "Por que nós estamos no mundo? / Certamente não para viver com medo e dor", cantou ele em *Instant Karma!*, acrescentando: "Nós todos brilhamos com a lua, as estrelas e o sol... Vamos lá". E terminando, em sua inimitável maneira: *Yeah yeah, all right, ah ah.*

John Lennon em 1969.

JOHN LENNON
Cronologia

John Lennon: ano, mês e dia

Marco Antônio Mallagoli

1912 — Nasce Alfred Lennon, pai de John.

1934 — *18 de fevereiro* — Nasce Yoko Ono, no Japão.

1938 — *3 de dezembro* — Julia Stanley casa-se com Alfred Lennon.

1939 — *10 de setembro* — Nasce Cynthia Powel, em Blackpool, na Inglaterra, que será a primeira esposa de John.

1940 — *9 de outubro* — Nasce John Winston Lennon, em Liverpool, no Oxford Street Maternity Hospital.

1942 — *Abril* — Alfred Lennon deixa a família, e Julia deixa o filho para sua irmã Mimi criar.

1945 — *Julho* — Alfred Lennon volta à Inglaterra para visitar John, tentando levá-lo consigo para a Nova Zelândia. No último minuto, John decide ficar, pois gostava mais de seu tio George, marido de Mimi. Alfred o deixa com Julia, que então o devolve para Mimi.

1952 — *Fevereiro* — John entra na Quarry Bank High School, em Liverpool.
Junho — John faz os desenhos que mais tarde serão usados no LP *Walls and Bridges*.

1953 — *Junho* — O marido de Mimi, tio George, morre de hemorragia cerebral.

1956 — *Março* — John forma o Quarrymen, um grupo de *skiffle*.
15 de junho — Ivan Vaughan leva Paul McCartney para assistir ao *show* do grupo Quarrymen na igreja de Woolton, e logo após John é apresentado a Paul, que toca *Twenty Flight Rock*. Paul recebe a aprovação de John e entra para o grupo.

1957 — *Maio* — John se muda para o Liverpool Art College.

1958 — John e Paul escrevem *Love me Do*.
15 de junho — Julia Stanley, mãe de John, morre atropelada.
Dezembro — John conhece Cynthia Powell na escola. Paul e John tocam juntos com o nome de Nurk Twins ("Os Gêmeos Nurk"). George Harrison entra para o grupo John, Paul e George tocam pela primeira vez com o nome de Johnny and the Moondogs.

1959 — John, Paul e George deixam a escola e convidam Stu Sutcliffe para tocar baixo, com Thomas Moore na bateria. John muda o nome do grupo para The Silver Beatles e depois abrevia para Beatles.
Thomas Moore deixa o grupo pouco depois.

1960 — Os Beatles tocam 292 vezes no Cavern Club, de Liverpool, conforme se lembra o disc-jóquei Bob Wooler.

1961 — John é fotografado por Jurgen Vollmer numa porta de Hamburgo, foto usada para a capa do LP *Rock'n'Roll*.
Setembro — John recebe um presente em dinheiro de sua tia que morava em Edimburgo, antes de fazer vinte e um anos, e vai com Paul a Paris, em férias, para gastar o dinheiro.
28 de outubro — Um rapaz chamado Raymond Jones entra na loja de Brian Epstein, em Liverpool, procurando pelo disco *My Bonnie*.

1962 — *4 de janeiro* — Capa do jornal *Mersey Beat* proclama os Beatles como o melhor conjunto de música popular, errando o sobrenome de Paul: "McArtrey".

1962 até 1970 — Aconteceu tudo aquilo que todos sabem sobre o Beatles; portanto, vamos destacar apenas o que aconteceu com John Lennon.

10 de abril — Stu Stucliffe morre de hemorragia cerebral.
Junho — Cynthia Powell descobre que está grávida.
Agosto — Thomas Moore deixa o conjunto e é substituído por Pete Best.
17 de agosto — Pete Best deixa o grupo.
18 de agosto — Ringo Starr torna-se baterista do conjunto.
23 de agosto — John casa-se com Cynthia Powell no Mount Pleasant Register Office, em Liverpool. Paul é padrinho. Após o casamento, um lanche é oferecido como festa de casamento no Reeces Café, após esperarem uma mesa ficar vazia. O pessoal deseja saúde aos noivos, bebendo água. Brian Epstein é quem paga tudo. No mesmo dia os Beatles tocam no River Park Ballroom, em Chester.
Cynthia convence John a visitar sua tia Mimi que, junto

"Fico orgulhoso de ser o palhaço do ano neste mundo em que as pessoas ditas sérias estão matando e destruindo nas guerras, como a do Vietnã."

com os outros parentes, não compareceu ao casamento. A reunião tem um final feliz.

6 de setembro — "On Safari with White Hunter" é publicado no Mersey Beat, artigo escrito por Beatcomber, ou seja, John Lennon.

1963 — *8 de abril* — John Charles Julian Lennon nasce no Sefton General Hospital, em Liverpool.

15 de abril — John, após retornar de uma turnê, visita sua esposa no hospital e conhece seu filho. Logo em seguida parte de férias para a Espanha, junto com Brian Epstein.

12 de maio — John retorna de férias e vai com Cynthia registrar o filho antes de os Beatles partirem em excursão com Roy Orbison.

8 de agosto — Nasce Kyoko Cox, filha de Yoko e Tony Cox.

Outubro — John não está presente na Trinity Road Parish Church quando Julian é batizado.

1964 — *Janeiro* — A notícia de que John Lennon é casado aparece nos jornais. John diz que sente que o sucesso dos Beatles não vai durar mais do que cinco anos. Ele explica que o nome Beatles foi derivado de *Buddy Holly and the Crickets*.

9 de janeiro — John comenta o fato de que a lenta ascensão de *I Want to Hold your Hand* nas paradas norte-americanas foi "mera simpatia pelos britânicos" e que ele não esperava ser um *hit* nos Estados Unidos.

23 de março — *In His own Write* é publicado na Inglaterra. O título é sugerido por Paul McCartney.

23 de abril — John e Cynthia vão ao coquetel promovido pela Christina Foyle Literary, e durante o evento, enquanto todos esperavam que John fizesse um discurso, ele simplesmente diz "Obrigado" e senta-se novamente.

27 de abril — *In His own Write* é publicado nos EUA. Esse livro nunca foi editado no Brasil.

1 de julho — John compra uma casa em Weybridge por 20.000 libras.

6 de julho — Pré-estréia, em Londres, do filme *Os Reis do isê-iê-iê* (*A Hard Day's Night*).

19 de setembro — John dá permissão para que seu desenho *The Fat Budgie* seja impresso em cartões de Natal. Quinhentas mil cópias são impressas.

1965 — *9 de janeiro* — John lê seu poema *Not Only... but also* num *show* da BBC.

27 de janeiro — John, Cynthia, George Martin e sua esposa, Judy, passam dez dias esquiando nos Alpes.

15 de fevereiro — John passa no exame para motorista.

4 de abril — John e Paul escrevem *Help!*

16 de abril — John e George são entrevistados no programa de TV *Ready Steady goes Live*.

18 de junho — John comenta seu livro *A Spaniard in the Works* no programa *Tonight* da BBC.

24 de junho — *A Spaniard in the Works* é publicado. Esse livro não foi editado no Brasil.

1 de agosto — Pré-estréia do segundo filme dos Beatles, Socorro (*Help!*), na Inglaterra.

6 de agosto — John compra uma casa para sua tia Mimi em Bournemouth.

8 de agosto — John e George vão ao Richmond Jazz Festival, em Richmond, na Inglaterra.

15 de agosto — Termina o visto do passaporte de John, de saída da Inglaterra, que foi dado em 16/8/60.

26 de outubro — Os Beatles ganham medalha de honra da rainha da Inglaterra.

1966 — *Fevereiro* — John, Cynthia, Ringo e Maureen passam férias juntos, enquanto Paul é visto nos clubes noturnos e George e Pat estão em lua-de-mel.

4 de março — John declara que "os Beatles são mais populares que Jesus Cristo".

26 de junho — John visita Astrid Kirschner, a noiva do falecido Stu Sutcliffe, e ela lhe dá várias cartas escritas por Stu um pouco antes da morte deste.

Agosto — Brian vai com John para Nova York, para explicar os comentários sobre Jesus Cristo.

12 de agosto — Numa conferência em Chicago, John pede desculpas por ter comparado Jesus Cristo com os Beatles.

17 de agosto — John, numa entrevista em Toronto, convida os jovens americanos a, em vez de ir para o Vietnã, fugir para o Canadá.

Setembro — Yoko chega em Londres para um simpósio de Arte Contemporânea.

3 de setembro — John vai a Alemanha para iniciar as filmagens de *How I won the War* ("Como Ganhei a Guerra"; no Brasil com o título *Que Delícia de Guerra*).

19 de setembro — John vai a Espanha para filmar *How I won the War*.

Novembro — John conhece Yoko na Indica Gallery em Londres. John se impressiona com uma escultura de Yoko,

cuja legenda dizia para pregar um prego numa "Peça Para Pregar Pregos", mas Yoko não o deixa pregar porque a galeria só iria abrir no dia seguinte. O dono da galeria diz, então, a Yoko, que John é muito rico e poderia pagar para fazer isso. Yoko diz: "Pois bem, são 5 xelins por prego. John olha para ela e diz: "Posso pagar 5 xelins imaginários e pregar um prego imaginário?"

9 de novembro — *Unfinished Paintings and Objects by Yoko Ono* é o nome da exibição na Indica Gallery.

13 de dezembro — John aparece na capa da revista *Look*.

26 de dezembro — John aparece no programa de rádio *Not only... but also*.

1967 — *Janeiro* — John declara que é budista.

30 de janeiro — John, Paul e Brian Epstein vão a um *show* de *The Who* e *Jimi Hendrix Experience*.

20 de fevereiro — John, Ringo e esposas vão a um *show* de Chuck Berry.

25 de maio — John manda pintar seu Rolls-Royce em cores e desenhos psicodélicos.

27 de maio — John, em entrevista à revista *Melody Maker*, diz que os Beatles nunca mais farão *shows*.

1 de agosto — *Film nº 4*, feito por Yoko, tem sua *première*.

8 de agosto — John e Julian posam para fotos dos fãs em sua casa em St. George's Hill State, perto da Cavendish Road, em Weybridge, Surrey.

24 de agosto — John, Paul e George vão ao Hilton Hotel de Londres assistir ao Maharishi.

1 de setembro — *Yoko Plus me*, exibição patrocinada por John, começa na Lisson Gallery em Londres.

30 de setembro — Frank Zappa, em entrevista à revista *Disc and Music Echo*, diz que John estava certo quando disse que os Beatles eram mais populares que Jesus Cristo. John, George e o Maharishi aparecem no programa de David Frost.

4 de outubro — John e George aparecem de novo no David Frost.

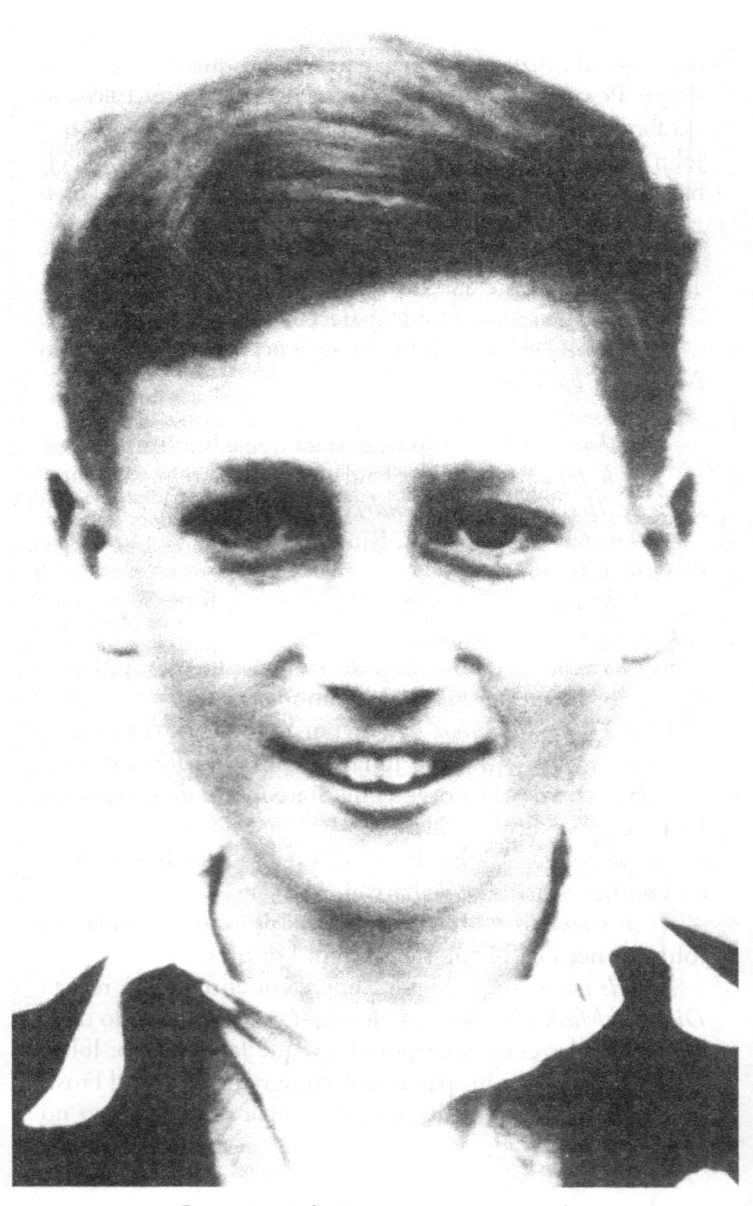
O menino John Lennon em Liverpool.

18 de outubro — *Première* de *How I won the War* em Londres.

8 de novembro — *Première* de *How I won the War* em Nova York.

2 de dezembro — John é entrevistado por Kenny Everett para o programa de rádio *Where it's at*.

23 de dezembro — John escreve uma carta para seu pai, Alfred, que estava doente, e manda um carro buscá-lo para visitá-lo e à família em Weybridge.

26 de dezembro — A BBC apresenta o filme *Magical Mistery Tour*, feito especialmente para a tevê.

29 de dezembro — John parte de férias para Marrocos.

1968 — *9 de janeiro* — John aparece na capa da revista *Look*.

1 de fevereiro — John envia seu Rolls Royce para os EUA, para seu uso.

29 de fevereiro — *AOS* é gravada no Royal Albert Hall, em Londres, por Yoko, com John na guitarra.

20 de abril — John e Cynthia voltam da Índia.

Maio — John e Yoko passam a primeira noite juntos na casa de John em Weybridge.

11 de maio — John, Paul, Neil Aspinall, Derek Taylor e Mal Evans vão aos EUA para abrir a Apple.

15 de maio — John e Paul falam sobre a Apple no *show Tonight*. Paul se encontra com Linda, pela segunda vez, numa entrevista.

22 de maio — John declara que a Guerra do Vietnã é coisa de insanos, numa entrevista mostrada nos EUA. Em Londres, John, Yoko, George e Pat dão uma entrevista para promover a Apple Boutique.

23 de maio — John e George inauguram a Apple Boutique em Chelsea.

John e Yoko gravam *Unfinisbed Music nº 1 - Two Virgins* no Ascot Sound Studios.

> **"A insegurança e a frustração levam o homem à violência e à guerra".**

Junho — John e Yoko voam para Country Maio, na Irlanda, para alguns dias de férias.

15 de junho — John e Yoko lançam a semente da paz na *National Sculpture Exhibition*, na Country Cathedral.

18 de junho — John, Yoko e Neil Aspinall vão à *première* no National Theatre, assistir à adaptação de *In His own Write*, com Victor Spinetti (que trabalhou em *A Hard Day's Night*, *Help* e *Magical Mistery Tour*).

22 de junho — John comenta os diferentes estágios por que passou quando escreveu os livros *In His own Write*, e *A Spaniardin the Work* na BBC.

Julho — John grava as versões de *Those Were the Days* e *Don't let me Down* durante uma entrevista, quando perguntaram o que estava para ser lançado.

1 de julho — Primeira exibição de arte de John, na Robert Fazer Gallery, chamada *You are Here* e dedicada a Yoko.

12 de julho — John põe sua casa à venda, pedindo 96.000 libras.

John, Julian e Yoko vão visitar Miami.

15 de julho — John grava *Cry Baby Cry*.

17 de julho — Estréia, em Londres, o filme *Submarino Amarelo*.

26 de julho — John passa o dia na casa de Paul, fazendo *Hey Jude*.

13 de agosto — John, Yoko e Yoko passam o dia no estúdio Abbey Road, onde os Beatles gravam *Yer Blues*.

22 de agosto — Cynthia processa John por adultério.

18 de setembro — John, Yoko, Paul, Linda e Pat gravam os vocais de *Happy Birthday*.

Outubro — John e Yoko anunciam que Yoko está grávida. John grava *Oh! My Love*.

9 de outubro — John grava *I'm so Tired*.

13 de outubro — John grava *Julia*.

18 de outubro — John e Yoko são presos no apartamento de Ringo, onde estavam vivendo temporariamente, por posse de drogas.

19 de outubro — John e Yoko vão a Marylebone Magistrates Court.

25 de outubro — John e Yoko anunciar que a criança deverá nascer em fevereiro.

28 de outubro — Cynthia entra com a petição de divórcio.

Os dois filmes, *Smile* e *Two Virgins*, feitos por John e Yoko são mostrados no Festival de Filmes de Chicago. *Smile* ganha um prêmio.

4 de novembro — John e Yoko gravam quatro faixas no Queen Charlotte's Hospital em Londres, que mais tarde aparecem no LP *Unfinished Music nº 2-Life With the Lions*.

8 de novembro — Anúncios da paz gravados por John e Yoko são tocados nas rádios neutras de Israel e Arábia. John e Cynthia confirmam o divórcio, mas John não aparece no tribunal, pois fica com Yoko no hospital, que corre o perigo de um aborto.

11 de novembro — Lançado nos EUA U*nfinished Music nº1 - Two Virgins*, LP em que os dois aparecem nus na capa.

21 de novembro — Yoko sofre o aborto.

28 de novembro — Data do julgamento por porte de drogas. John é declarado culpado e tem de pagar 150 libras e mais despesas do tribunal.

29 de novembro — *Unfinished Music nº 1 - Two Virgins* é lançado na Inglaterra.

7 de dezembro — Dia Universal dos Beatles.

11 de dezembro — *Rock and roll Circus* é gravado, mas nunca lançado comercialmente; John canta *Yer Blues*. A casa de John em St. George's Hill em Weybridge é posta à venda.

18 de dezembro — John e Yoko aparecem no London Albert Hall carregando uma grande mala branca, símbolo do *Bagism* na Underfround Xmas Party.

23 de dezembro — John e Yoko, vestidos de Papai Noel, distribuem brinquedos para várias crianças na festa de Natal dos funcionários da Apple.

John e Yoko produzem *Rape*, um filme que é mostrado na TV australiana.

1969 — *Janeiro* — John e Yoko planejam lançar os filmes *Two Virgins* e *Smile* em teatros de arte nos EUA. John apresenta Allan Klein aos outros Beatles, sugerindo que ele passe a ser o gerente financeiro da Apple.

3 de janeiro — Autoridades de New Jersey confiscam 30.000 cópias do LP *Two Virgins* dizendo ser pornográfica a capa.

18 de janeiro — John diz que a Apple irá à falência, se a firma continuar a perder dinheiro.

Fevereiro — John manda gravar um poema, em uma placa de zinco, para promover suas litografias eróticas *Bag One*, e a coloca no Cureven Studios em Londres.

2 de fevereiro — Yoko se divorcia de Tony Cox e recebe a custódia de Kyoko.

8 de fevereiro — *Two Virgins* entra nas paradas em 158º lugar e chega ao 124º lugar.

2 de março — John e Yoko gravam as versões finais de *Let's go on Flying, Snow is Falling all the Time, Dont' Worry Kyoko, Song for John* e *Cambridge 1969* durante o Festival de jazz em Cambridge, com Mal Evans, John Tchikai (saxofone) e John Stevens (percussão). Nesse mesmo dia eles gravam o lado 1 do LP *Life with the Lions*.

16 de março — John e Yoko vão para Paris.
18 de março — John aparece na capa da revista *Look*.
20 de março — John e Yoko vão de Paris a Gibraltar, onde se casam. O fã-clube dos Beatles nos EUA comenta: "Por favor, tentem entender que devemos ao menos dar uma chance para Yoko, pois a mesma chance foi dada a Linda, Maureen e Pat. Eu sei que a notícia é chocante, mas espero que isso faça John feliz, o que deve nos deixar entusiasmados".
21 de março — John e Yoko vão a Amsterdã.
22 de março — O LP *Two Virgins* chega à sua mais alta posição nas paradas: 124º lugar.
26 de março — John e Yoko iniciam o *bed-in* em Amsterdã, no Hilton Hotel, permanecendo quatro dias na cama. Eles gravam as músicas *John e Yoko* e *Amsterdã*.
31 de março — John e Yoko dão uma conferência no Sacher Hotel, em Viena, onde comentam o filme *Rape*, que mais tarde é mostrado na Austrian National Network Television.
Abril — Faixas do *Wedding Album* são gravadas, John começa a campanha "Loucos pela Paz", na qual ele e Yoko se propõem a liderar a campanha mundial da paz, ao redor de uma mesa, onde uma grande mala seria o símbolo (*Bagism*) e de onde surgiu o tratado internacional no qual os soldados deveriam voltar para casa e desistir das batalhas.
1 de abril — John revela que sua fortuna gira em torno de 50.000 libras e volta para Londres. Ele e Yoko planejam mandar duas sementes de uma planta que eles chamam de paz a todos os governos do mundo.
12 de abril — John e Yoko vão a Ansbacher, na matriz de seu banco, para fazer o arranjo financeiro de suas contas.
15 de abril — Allan Klein, John e Yoko voltam a Ansbacher.
John e Yoko convidam Anthony Fawcett para trabalhar para eles e tentar decifrar o valor que eles possuíam sem os outros.
22 de abril — *Ballad of John and Yoko* é gravada em

Abbey Road, por John e Paul, sem a participação de Ringo e George. John muda seu nome de Winston para Ono, em cerimônia realizada no terraço da Apple.

25 de abril — *Rape* é mostrado no Festival de Filmes de Montreaux.

Entrevista de John discutindo os problemas financeiros da Apple aparece no *New Musical Express*.

6 de maio — É anunciado que John e Yoko estão gravando um disco sobre a vida deles, o aborto de Yoko, a lua-de-mel em Amsterdã.

16 de maio — John e Yoko planejam viajar no transatlântico *Queen Elizabeth II*, com Ringo, Maureen, George, Pat e Peter Sellers, mas John não consegue visto de entrada nos EUA.

20 de maio — John e George visitam Bruce Ormrod em Ansbacher, para discutir a coalização da ATV com os sindicatos.

24 de maio — John e Yoko fundam a própria firma, a Bag Productions.

25 de maio — John, Yoko e Yoko voam para o Canadá para continuar a campanha de paz.

26 de maio — John, Yoko e Kyoko chegam a Toronto, mas demoram duas horas e meia na alfândega. Depois disso vão para o Elizabeth Hotel, em Montreal, onde fazem o segundo *bed-in*, que dura dez dias. *Life with the Lions* é lançado nos EUA.

Junho — David Wigg entrevista John e Yoko.

1 de junho — *Give Peace a Chance* é gravada durante o *bed in* no Canadá.

3 de junho — John, Yoko e Kyoko deixam o Canadá.

7 de junho — John e Yoko aparecem no *David Frost Show*.

14 de junho — John e Yoko aparecem novamente no *David Frost Show*.

29 de junho — John, Julian, Yoko e Kyoko vão de férias a Escócia.

Julho — John e Yoko compram uma mansão no Tittenhurst Park, em Ascot, por 150.000 libras.

1 de julho — John, Julian, Yoko e Kyoko são hospitalizados após um acidente de automóvel em Golspie, na Escócia, quando John perdeu o controle do carro que estava dirigindo, por estar sem óculos. O carro ficou acabado.

2 de julho — Cynthia pega Julian no hospital e o leva a Grécia.

3 de julho — A recepção para a imprensa no lançamento do disco *Give Peace a Chance* se realizou no Chelsea Town Hall, mas John e Yoko não comparecem porque estavam hospitalizados na Escócia. Ringo e Maureen os substituem.

4 de julho — *Give Peace a Chance / Remember Love* é lançado na Inglaterra.

6 de julho — John e Yoko voltam para a Inglaterra.

7 de julho — *Give Peace a Chance / Remember Love* é lançado nos Estados Unidos. A Plastic Ono Band toca no Chelsea Town Hall para promover o compacto de mesmo nome.

12 de julho — *Give Peace a Chance* entra nas paradas norte-americanas entre os 28 primeiros lugares e permanece por 9 semanas, chegando a 2º lugar. Na Inglaterra entra em 30º lugar.

16 de julho — *Ballad of John and Yoko* ganha disco de ouro.

19 de julho — *Life with the Lions* chega ao 179º lugar.

21 de julho — John volta às gravações normais, após se recuperar do acidente.

Agosto — John e Yoko ocupam a mansão em Ascot, pela qual pagaram 360.000 dólares. A Plastic Ono Band grava a música *Rock Peace*, que nunca foi lançada. Os filmes *Ballad of John and Yoko* e *Number 5* são mostrados na Alemanha.

2 de agosto — *Give Peace a Chance* chega ao 2º lugar nas paradas norte-americanas.

John, George e Ringo vão ao Festival da Ilha de Wight para assistir a Bob Dylan.

John Lennon aos oito anos de idade, em companhia de sua mãe, Julia.

O pai de John Lennon, Fred Lennon.

> **"A nossa política é a do humor. Todas as pessoas sérias foram assassinadas. Nós queremos ser os palhaços do mundo."**

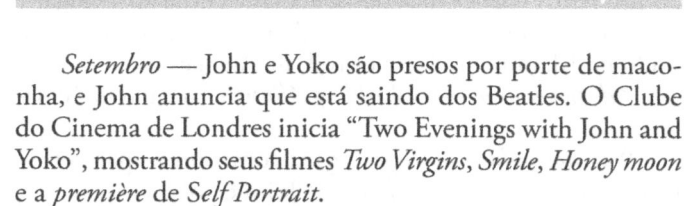

Setembro — John e Yoko são presos por porte de maconha, e John anuncia que está saindo dos Beatles. O Clube do Cinema de Londres inicia "Two Evenings with John and Yoko", mostrando seus filmes *Two Virgins*, *Smile*, *Honey moon* e a *première* de *Self Portrait*.

10 de setembro — O Institute of Contemporary Arts mostra dois filmes de John e Yoko — *Rape* e *Self-Portrait*.

12 de setembro — John concorda em participar do Toronto Peace Festival.

13 de setembro — John, Yoko e a Plastic Ono Band (Eric Clapton, Klaus Voorman e Alan White) voam para Toronto, onde é gravado o LP *Live Peace in Toronto*.

22 de setembro — Um teipe dos Beatles tocando *Ballad of John and Yoko* é mostrado no programa *Music Scene*.

25 de setembro — Lançada a versão de *Golden Slumbers* com o White Trash, com uma recepção à imprensa, em que John e Yoko aparecem.

30 de setembro — John e Yoko gravam *Cold Turkey / Don't Worry Kyoko*.

Outubro — 400 pessoas assistem a um festival de quatro horas com vários filmes de John e Yoko no Institute of Contemporary Arts.

9 de outubro — Até o dia 12 Yoko fica no Kings College Hospital em Londres.

20 de outubro — O *Wedding Album* é lançado nos EUA pela Apple, junto com o compacto *Cold Turkey / Don't Worry Kyoko* pela Plastic Ono Band.

24 de outubro — *Gold Turkey / Don't Worry Kyoko* é lançado na Inglaterra.

30 de outubro — Um disco chamado *Gossip*, gravado pela Plastic Ono Band, é anunciado mas não é lançado.

Novembro — John e Yoko vão de férias a Atenas.

1 de novembro — *Cold Turkey* entra nas paradas entre os 28 primeiros lugares, fica seis semanas e chega ao 1º lugar.

6 de novembro — *Rape - Part II*, de John e Yoko, é mostrado no Mannhein Film Festival, na Alemanha.

7 de novembro — O *Wedding Album* é lançado na Inglaterra.

9 de novembro — Reportagens começam a aparecer falando sobre o filme *Apotehosis*, de John e Yoko.

13 de novembro — John deixa um grupo de *hippies* usar sua Ilha Dorinish, na costa da Irlanda.

15 de novembro — Uma entrevista com John aparece na revista *Disc and Music Echo*.

26 de novembro — John devolve sua medalha MBE em protesto contra as Guerras do Vietnã e Biafra e pela sabotagem que sofreu o disco *Cold Turkey*.

Dezembro — John recebe o prêmio da revista *Rolling Stone* como o homem do ano. *What's the news Mary Jane* quase é lançada em compacto. John e Yoko discutem os planos para o Festival da Paz em Toronto. John coloca cartazes no mundo inteiro com os dizeres *War is Over — If you want it*, e nas principais revistas. Numa entrevista à *New Musical Express* ele declara o fim dos Beatles como conjunto.

5 de dezembro — *You know my name / What's the news Mary Jane* misteriosamente deixa de ser lançada pela Plastic Ono Band.

10 de dezembro — John e Yoko anunciam um plano para fazer um filme chamado *A 6*, sobre um assassinato, revelando a intenção de trazer a público o caso de James Hanratty.

12 de dezembro — Lançado o LP *No One's Gonna Change our World* na Inglaterra, com a versão de Across the Universe, com a participação nos vocais da brasileira Lizzie Bravo. Lançado o LP *Live Peace in Toronto* nos EUA e na Inglaterra.

13 de dezembro — O *Wedding Album* entra nas paradas em 182º lugar, permanecendo por três semanas, chegando ao 178º lugar.

15 de dezembro — A BBC mostra um filme de uma hora sobre John. John e Yoko lançam a campanha *War is Over* em algumas cidades norte-americanas. Um *show* em benefício da UNICEF é realizado na London's Lyceum Gallery, e mais tarde aparece no LP *Some Time in New York City*. George se une a John nesse *show*.

16 de dezembro — John e Yoko vão ao Canadá para anunciar o Mosport Park Peace Festival e ficam com Anthony Fawcett, numa fazenda, por cinco dias.

17 de dezembro — John anuncia um plano de um festival de paz em Toronto, que se realiza de 3 a 5 de julho de 1970.

18 de dezembro — John assina 3.000 litografias de sua coleção *Bag One*, na fazenda de Ronnie Hawkins.

19 de dezembro — John e Yoko encontram-se com Marshall McLuhan na Universidade de Toronto, numa entrevista de 45 minutos.

21 de dezembro — John e Yoko pegam um trem de Montreal para Ottawa, para dar uma conferência no Chateau Champlain.

22 de dezembro — JohneYoko encontram-se com o ministro da Saúde do Canadá, John Munro e o primeiro-ministro Pierre Trudeau.

23 de dezembro — John e Yoko voltam para Londres.

27 de dezembro — O *Wedding Album* chega à sua mais alta posição nas paradas: 178º lugar.

29 de dezembro — John e Yoko voam para Aalborg, na

Dinamarca, para visitar Kyoko, que estava na fazenda com o pai Tony Cox. São visitados por Hammrick e Leonard, dois hipnotizadores canadenses que querem ajudá-los a deixar de fumar.

31 de dezembro — A TV inglesa mostra o programa *The man of the Decade*, que se refere a John Lennon.

1970 — *10 de janeiro* — *Live Peace in Toronto* entra nas paradas em 136º lugar, fica por 33 semanas e chega ao 10º lugar, sua posição mais alta.

15 de janeiro — A London Art Gallery abre uma exposição das litografias eróticas de John (*Bag One*), mas a polícia fecha no dia seguinte, alegando ser obscena.

20 de janeiro — John e Yoko cortam os cabelos bem curtos, numa barbearia na Dinamarca.

21 de janeiro — O *Daily Express* noticia que John cortou os cabelos bem curtos para poder viajar sem ser reconhecido.

26 de janeiro — John escreve e grava *Instant Karma!*

27 de janeiro — John pede a Phil Spector para produzir *Instant Karma!*

Fevereiro — John e Yoko doam seus cabelos cortados na Dinamarca para a Michael X's Blackhouse, em Londres. As litografias eróticas *Bag One* são exibidas em Paris, na Denise René Gallry, e em Nova York, na Lee Nordness Gallery. O livro *Grapefruit*, de Yoko, é publicado nos EUA.

6 de fevereiro — *Instant Karma!* / *Who has Seen the Wind* é lançado na Inglaterra.

7 de fevereiro — *Live Peace in Toronto* chega ao 10º lugar nas paradas.

12 de fevereiro — John canta *Instant Karma!* no programa *Top of the Pops*, da BBC.

20 de fevereiro — *Instant Karma!* / *Who has Seen the Wind* é lançado nos EUA.

21 de fevereiro — *Instant Karma!* entra nas paradas entre as 20 mais e permanece por seis semanas, chegando ao 1º lugar.

26 de fevereiro — Um jornal de Nova York diz que John declarou não ter nenhum sentido fazer o Toronto Peace Festival, pois ele verificou que o dinheiro não estava sendo usado para a paz e sim para terceiros obterem lucro.

Março — Arthur Janov envia para John e Yoko seu livro *The Primal Scream* (o grito Primal) e logo depois segue para Londres para iniciar sua terapia com eles.

13 de março — *Instant Karma!* chega a 1º lugar.

17 de março — *Live Peace in Toronto* recebe o disco de ouro.

29 de março — John e Yoko anunciam que estão esperando um bebê para outubro.

Abril — John é convidado para viver Jesus Cristo na peça *Jesus Christ*, que é encenada na Catedral de St. Paul, em Londres, e Yoko seria Maria Madalena. Eles não aparecem.

1 de abril — A London Art Gallery vai à justiça contra a polícia, pelo fechamento da exposição de John.

17 de abril — Numa entrevista para a revista *Rolling Stone* John analisa a saída de Paul dos Beatles.

27 de abril — As litogravuras de John não são mais consideradas obscenas e voltam à exposição.

Maio — John e Yoko vão a Los Angeles, para as sessões de terapia primal.

13 de maio — Pré-estréia, em Nova York, do quinto filme dos Beatles, *Let it Be*.

Junho — John e Yoko são entrevistados por David Wigg, no escritório da Apple.

11 de junho — John Lennon e Yoko Ono anunciam que vão continuar de férias no estado da Califórnia por mais algum tempo.

Julho — Jornais canadenses anunciam a fundação da Ono Music Ltd. para produzir as músicas de Yoko.

25 de julho — A revista *Record World* escreve que a notícia sobre a fundação da Ono Music Ltd. é falsa.

Agosto — Yoko sofre um aborto. Paul escreve a John

> "A maneira pela qual eu me projetei na vida prova mesmo que eu sou um gênio. O gênio é uma forma de loucura, e sempre fomos assim meio loucos, embora eu seja um pouco tímido. Ser gênio é também uma coisa dolorosa".

sugerindo a dissolução da sociedade Beatles, formada em abril de 1967, e John diz para Paul ir pegando a assinatura dos outros, enquanto ele pensa um pouco.

Outubro — John grava as faixas do seu disco *John Lennon / Plastic Ono Band*, enquanto Yoko grava as faixas do disco dela, chamado *Yoko Ono / Plastic Ono Band*, no Ascot Studios, com Ringo Starr na bateria.

26 de novembro — John e Yoko vão a Nova York.

Dezembro — John e Yoko visitam Nova York, onde, junto com Jonas Mekas, fazem os filmes *Fly* e *Up your Legs*, que são apresentados logo em seguida na cidade.

11 de dezembro — Os discos *John Lennon / Pastic Ono Band* e *Yoko Ono / Plastic Ono Band* são lançados nos EUA e na Inglaterra.

12 de dezembro — O disco de John entra em 23º lugar nas paradas.

14 de dezembro — *Instant Karma!* ganha disco de ouro.
24 de dezembro — A primeira parte da entrevista com John na revista *Rolling Stone* é publicada.
28 de dezembro — *Mother / Why* é lançado nos EUA.
31 de dezembro — John revela que usava drogas desde os dezessete anos e culpa Paul pela dissolução do grupo, dizendo que este queria dominar a todos.

1971 — *21 de janeiro* — A segunda parte da entrevista de John é publicada na revista *Rolling Stone*.
12 de março — *Power to the People / Open your box* é lançado na Inglaterra.
22 de março — *Power to the People / Touch me* é lançado nos EUA.
15 de maio — O festival de filmes de Fortnight, na França, mostra os filmes *Apotheosis* (dirigido por John, com 18 minutos de duração) e *Fly* (produzido por Yoko, com 50 minutos de duração).
6 de junho — John e Yoko se unem a Frank Zappa, durante um *show* no Fillmore East em Nova York, para uma *jam session*, gravação que mais tarde aparece no LP *Some Time in New York City*.
Julho — John grava *Imagine* nos estúdios em Tittenhurst Park; todas as sessões de gravação foram filmadas e feitas seqüências especiais para o filme promocional.
Agosto — John e Yoko vão para as Ilhas Virgens encontrar Kyoko e quando voltam decidem se fixar em Nova York, alugando um apartamento em West Village (cuja foto aparece na capa do LP *Some Time in New York City*). Nessa época Yoko grava o LP *Fly*.
5 de setembro — A London Art Spectrum mostra os filmes *Cold Turkey*, *Ballad of John and Yoko*, *Give Peace a Chance*, *Instant Karma!* e *Up your legs*.
9 de setembro — O LP *Imagine* é lançado nos EUA.
20 de setembro — O LP *Fly*, de Yoko, e lançado nos EUA.

29 de setembro — O compacto *Mrs. Lennon / Midsummer New York* é lançado nos EUA.

Outubro — John e Yoko protestam contra a falta de direitos civis dos índios americanos, em Syracuse, Nova York.

8 de outubro — O LP *Imagine* é lançado na Inglaterra.

9 a 27 de outubro — A exibição de Yoko chamada "This is not here" é apresentada em Nova York no Everson Museum of Art, tendo John como convidado especial.

11 de outubro — O compacto *Imagine / It's so hard* é lançado nos EUA.

29 de outubro — O compacto *Mrs. Lennon / Midsummer New York* é lançado na Inglaterra.

Novembro — John e Yoko gravam *Happy Xmas (War is Over) / Listen the Snow is Falling*; o lado 1 é gravado com o Harlem Community Choir, um coro de crianças negras que ajudam Yoko no vocal, fazendo o contracanto para John. John toca no *show* beneficente para os presos de Attica, no Apolo Theater em Nova York.

1 de dezembro — O compacto *Happy Xmas (War is Over) / Listen the Snow is Falling* é lançado nos EUA.

3 de dezembro — O LP *Fly*, de Yoko, é lançado na Inglaterra.

11 de dezembro — John e Yoko participam de um *show* beneficente a John Sinclair em Ann Arbor, em Michigan.

1972 — *Janeiro* — Os membros do subcomitê de Segurança Interna do Senado preparam um relatório sobre o envolvimento de John com os líderes radicais Jerry Rubin, Abbie Hofman e Rennie Davis e o entregam ao senador Strom Thurmond.

21 de janeiro — O compacto *Mid Train / Listen the Snow is Falling*, de Yoko, é lançado na Inglaterra.

4 de fevereiro — O senador Strom Thurmond escreve a John Mitchell, na época secretário da justiça, anexando o relatório sobre John e acrescentando a seguinte nota: "Isso parece ser importante para mim, e eu acho que deve ser muito bem considerado, sendo levado à mais alta esfera, pois prevejo dores de cabeça se não forem tomadas as devidas providências a tempo". Mitchell, por sua vez, enviou cópia de tudo para a Casa Branca.

14 de fevereiro — John e Yoko participam como convidados do *David Frost Show* durante uma semana. Chuck Berry é a atração em um dos *shows* e toca ao vivo com John, que, quando o apresenta refere-se a ele como "o meu herói".

29 de fevereiro — O visto de John para permanecer nos EUA termina.

1 a 20 de março — John e Yoko gravam o LP *Some Time in New York City*.

6 de março — O visto que havia sido dado a John, como renovação ao vencido, é revogado pelo diretor do distrito de Nova York, Sol Marks.

24 de abril — O compacto *Woman is the Nigger of the World / Sisters, Oh Sisters* é lançado nos EUA e, no mesmo dia, com a Elephant's Memory Band, é apresentado no *Dick Cavett Show*. Numa entrevista após o *show*, John declara que vem sendo seguido por agentes do governo e que seu telefone está com escuta.

29 de abril — O governador de Nova York, John Lindsay, pede às autoridades federais a permissão para a permanência de John e Yoko nos EUA por tempo indeterminado e que o processo de deportação seja cancelado.

12 de junho — O LP *Some Time in New York City* é lançado nos EUA.

30 de agosto — *One to One Concert* é realizado em Nova York, no Madison Square Garden, com fins beneficentes para as crianças defeituosas de Willowbrook. São realizados dois *shows*, com a presença de Stevie Wonder e vários outros artistas. O *show* foi organizado e idealizado por John e Yoko e gravado pela ABC Television. O filme *Erection*, de John e Yoko, é mostrado em Nova York. O filme mostra a construção de um hotel em Londres, usando várias fotos tiradas de acordo com o passar do tempo.

15 de setembro — Lançamento do LP *Some Time in New York City* na Inglaterra.

Outubro e novembro — Gravação do LP *Approximately Infinite Universe*, de Yoko com a participação de John.

13 de novembro — *Now or Never / Move on East*, compacto simples de Yoko, é lançado nos EUA.

24 de novembro — O compacto *Happy Xmas (War is Over) / Listen the Snow is Falling* é lançado na Inglaterra.

Dezembro — *Première* do filme *Imagine* na TV norte-americana.

1973 — *8 de janeiro* — O LP *Approximately Infinite Universe*, de Yoko, é lançado nos EUA.

16 de fevereiro — O LP *Approximately Infinite Universe* é lançado na Inglaterra.

26 de fevereiro — O compacto *Death of Samantha /Yang, Yang*, de Yoko, é lançado nos EUA.

Março — O Departamento de Imigração ordena que John deixe os EUA. Yoko ganha a custódia de sua filha Kyoko, agora com oito anos de idade, mas o pai, Tony Cox, some com a menina.

Março e Abril — Gravação do disco de Ringo Starr, com a participação de John, George e Ringo numa mesma música, composta por John, chamada *I'm the Greatest*. O disco é lançado em 2/11/73.

4 de maio — O compacto simples *Death of Samantha / Yang, Yang* é lançado na Inglaterra.

Junho — Allan Klein processa John em 200.000 dólares.

Setembro — John grava o LF *Mind Games*.

24 de setembro — O compacto *Woman Power/Men, men, men*, de Yoko, é lançada nos EUA.

Outubro — John e Yoko se separam pela primeira vez,

John Lennon, aos quinze anos, com uma banda de *skiffle*, 1955.

> **"Nós temos Hitler dentro de nós, mas também temos paz e amor..."**

desde 1968, e John voa para Los Angeles para fugir dos problemas de imigração.

26 de outubro — O compacto *Mind Games / Meat City* é lançado nos EUA.

Novembro — John, Paul e George processam Allan Klein.

2 de novembro — O LP *Mind Games* é lançado nos EUA.

9 de novembro — O compacto *Run, run, run / Men, men, men*, de Yoko, é lançado na Inglaterra.

10 de novembro — John convence Phil Spector a produzir um disco com velhos sucessos de *rock and roll* e eles vão para o estúdio Record Plant, em Los Angeles, acompanhados de cerca de 30 músicos.

16 de novembro — O compacto simples *Mind Games / Meat City* é lançado na Inglaterra.

1974 — *Janeiro* — John pede à rainha da Inglaterra o "perdão real" pelo fato de ter sido preso por posse de drogas cinco anos atrás. "Assim poderei ficar livre para viajar pelos EUA", diz.

Março — John é posto para fora do Troubador Club, em Los Angeles, após fazer zombarias com o grupo *Smothers Brothers*, que fazia o *show*.

Março e Abril — John produz o álbum *Pussy Cats*, de Harry Nilson.

17 de julho — O Departamento de Imigração dá um

prazo de seis dias para John deixar o país ou então será deportado. John apela para à Justiça.

Agosto — Com apenas uma canção escrita, John volta a Nova York para fazer um novo álbum no estúdio Record Plant, onde ele grava todas as músicas do disco *Walls and Bridges*. John ajuda Elton John na gravação da música *Lucy in the Sky with Diamonds*, em que toca guitarra e canta no coro. Toca guitarra também na sua música *One day the Time*. Ambas são lançadas em 15/11/ 74. John ainda participa da gravação de *Goodnight Vienna*, do LP do mesmo nome, de Ringo Starr, que também é lançado em 15/11/74.

23 de agosto — John vê um objeto voador não identificado às 9 horas da noite, do terraço de seu prédio.

31 de agosto — John alega na Corte Federal que o governo Nixon tentou deportá-lo por ter sido um dos organizadores da passeata antiguerra que ocorreu durante a convenção republicana, em Miami, em 1972.

Setembro — O Departamento de Imigração ordena que John deixe os EUA até 8/9/74 ou será deportado. John apela novamente.

23 de setembro — O compacto simples *Whatever Gets you Through the Night* é lançado, com Elton John tocando piano e fazendo o *backing-vocal* para John Lennon.

26 de setembro — O LP *Walls and Bridges* é lançado. Esse é o último LP que John lança cantando músicas feitas por ele mesmo.

4 de outubro — O LP *Walls and Bridges* é lançado na Inglaterra, ao mesmo tempo que o compacto simples *Whatever Gets you Through the Night / Beef Jerky*.

21 a 25 de outubro — John volta ao Record Plant para gravar mais músicas do disco de *rock*, dessa vez produzindo ele mesmo as músicas.

28 de novembro — John aparece no *show* de Elton John no Madison Square Garden e é convidado a subir ao palco. Eles tocam *Whatever Gets you Through the Night, Lucy in the*

Sky with Diamonds e *I Saw her Standing There*; após essas musicas John se retira, e o público continua pedindo sua presença, não deixando Elton John continuar o *show*, que então é encerrado.

Dezembro — A revista *Rolling Stone* revela detalhes sobre a conspiração que está sendo feita para deportar John, que passa férias com Julian e May Pang, aproveitando o ano-novo, na Disneylândia.

16 de dezembro — O compacto *Nº 9 Dream / What you Got* é lançado nos EUA.

1975 — *Janeiro* — Anunciada a dissolução final dos Beatles, John e Yoko voltam a viver juntos em Nova York, no edifício Dakota.

John toca nos ensaios da gravação do LP de David Bowie, *Young Americans*, participando da co-autoria da música *Fame* e tocando guitarra na gravação de *Across the Universe*. O LP é lançado em 2/6/75, e David Bowie faz o seguinte comentário sobre John: "Ele é o último dos autênticos grandes astros".

2 de janeiro — O juiz Richard Owen, da Corte Distrital dos EUA, permite a John e seus advogados o acesso ao processo de expulsão contra ele, sob certas condições.

31 de janeiro — O compacto simples *Nº 9 Dream / What you Got* é lançado na Inglaterra.

Fevereiro — Morris Levy, da gravadora Adam VIII Records, lança o disco *Roots*, contendo as gravações das músicas de *rock* gravadas por John.

15 de fevereiro — A Capitol Records se apressa para lançar o álbum *John Lennon / Rock and Roll Music* e entra com ação contra Morris Levy para que o álbum Roots, que já havia vendido 3.000 cópias, seja retirado do mercado.

17 de fevereiro — O disco *John Lennon / Rock'n Roll* é lançado nos EUA.

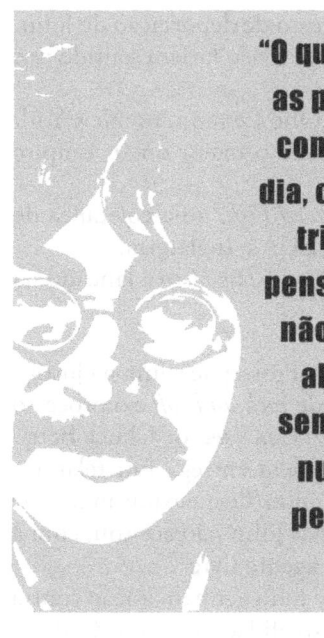

> "O que acontece é que todas as pessoas que protestam contra o sistema, hoje em dia, correm o perigo de ficar tristes demais. mas eu penso que esse tipo de luta não impede que sejamos alegres. Eu prefiro ser sempre o cara que chega numa festa e anima as pessoas tristes apenas com a presença."

21 de fevereiro — O disco *John Lennon / Rock'n Roll* é lançado na Inglaterra.

Março — John e Yoko aparecem pela primeira vez em público juntos, após a separação, para receber o *Grammy*.

10 de março — O compacto *Stand by Me / Move Over Mrs. L.* é lançado nos EUA.

18 de abril — O compacto *Stand by Me / Move Over Mrs. L.* é lançado na Inglaterra.

Junho — John entra com o pedido de ilegalidade do processo de deportação que foi feito contra ele por John Mitchell, Richard Kleindienst e outros, agora ex-funcionários do governo.

Setembro — O Serviço de Imigração e Naturalização garante a John um período de permanência no país, em razão de Yoko estar grávida.

7 de outubro — Fim do processo de deportação de John. A Corte entendeu que as leis inglesas não faziam sentido nos EUA e retira o processo.

9 de outubro — Nasce Sean Ono Lennon, no New York Hospital. John declara: "Eu me sinto maior que o Empire State Building".

24 de outubro — O LP *Shaved Fish*, uma coletânea de sucessos de John, é lançado nos EUA e Inglaterra.

O compacto *Imagine / Working Class Hero* é lançado na Inglaterra.

1976 — *Janeiro e fevereiro* — Prossegue a luta na justiça entre John e Levy sobre o disco de *rock and roll* e o processo contra John por plágio de *You can't Catch me*, de Chuck Berry.

20 de fevereiro — O juiz Griesa entrega um relatório de 29 páginas sobre o caso Lennon/Levy, explicando que foi tentado um acordo verbal, mas John não aceitou, com a alegação de que: "Ele não é um agente livre".

Março — A Capitol, a EMI e John ganham a ação contra Levy e John alega ainda que a qualidade de som do disco não é boa, o que pode trazer prejuízos à sua carreira. Acaba ganhando 45.000 dólares de indenização.

Maio — John, Yoko e Sean voam a Los Angeles para discutir negócios e participar da gravação do novo LP de Ringo.

Junho — John e a família vão à casa de Long Island para passar o verão.

27 de junho — John finalmente recebe o *green card*, o cartão que o permite sair e entrar livremente nos EUA, de nº A175 97-3 21. Após pegar o cartão John comenta: "Vou fazer agora o que todo mundo faz, ou seja, devotar minha vida à minha esposa, filhos e meu trabalho". Declara ainda que só voltará a gravar após seu filho Sean completar cinco anos de idade, quando terá crescido um pouco, e então John poderá voltar. "Não quero que aconteça com ele o mesmo que aconteceu com Julian, a quem eu mal conheci, e acho mais importante viver com ele os cinco primeiros anos, quando ele não precisará de tanto cuidado, do que tentar viver com ele, quando for adolescente, época que será mais difícil."

1976 a 1980 — John e Yoko se retiram da vida pública, não permitindo que nada seja publicado sobre os dois, não concedendo entrevistas a ninguém, evitando aparecer em locais públicos. Em algumas vezes John chegou a arrancar a máquina fotográfica de algumas pessoas e inutilizar o filme, pois não queria que nada afetasse sua vida particular. Nesse período compraram várias casas e fazendas nos EUA, sendo destaque em alguns jornais, na época, o enorme número de vacas leiteiras que compraram. John passou a se dedicar ao filho, e Yoko, aos negócios. Eles só saíam de casa quando ninguém esperava, e durante esse tempo a única longa viagem foi em maio de 1977, quando foram ao Japão para mostrar Sean aos pais e parentes de Yoko. John não quis viajar sem antes aprender um pouco de japonês. No dia 27 de maio de 1979 John e Yoko publicam nos principais jornais de Nova York, Londres e Tóquio uma carta aberta com o título: *"A love letter from John and Yoko to people who ask us what, when and why"*.

1980 — *30 de maio* — Encontrei Yoko na porta do Dakota, às 9h30, e tive um pequeno papo com ela, quando me disse que John nunca mais iria gravar nada. Ela me pareceu bastante assustada, e as informações que tive mais tarde é que morria de medo de ser seqüestrada ou assaltada. Por isso evitava conversar com as pessoas que a abordavam na rua.

Julho — John, Sean e uma tripulação de cinco pessoas vão de Newport às Bermudas num iate de um amigo. Foi durante essa viagem que ele e Yoko compuseram as músicas do LP *Double Fantasy*. Yoko ficou em Nova York para tratar de negócios e John, não agüentando as saudades, escreveu algumas músicas para ela. Ele ligou e mostrou as músicas por telefone. Mais tarde Yoko faria o mesmo.

15 de agosto — John e Yoko entram no Record Plant para a gravação de um novo disco. Há grande especulação, e muitos encararam a coisa como boato. Surgiram rumores de que a gravadora que ia lançar o disco seria a Columbia, ou seja, a mesma gravadora de Paul McCartney, e que Paul estaria ajudando John no LP. Mais tarde, ficou-se sabendo que o único boato em tudo isso era a participação de Paul no disco.

8 de outubro — Vi John pela primeira vez. Levei a ele o disco brasileiro *Os Reis do ié-ié-ié*, que ele ouviu no mesmo dia, coisa que há anos não fazia.

9 de outubro — John faz quarenta anos e Sean, cinco anos. No céu de Nova York, aviões escrevem frases de felicidades para John e Sean, sobre o Central Park, ao que toda a cidade assistiu. Um ar de felicidade pairava no céu.

10 de outubro — Encontrei John novamente; dessa vez não havia a multidão do dia 8 e pudemos conversar por alguns minutos. Ele se propôs a vir ao Brasil, a princípio para conhecer o país e mais tarde para fazer alguns *shows*.

28 de outubro — O compacto *Starting Over / Kiss, kiss, kiss* é lançado nos EUA.

13 de novembro — Tive contato com o secretário de John, em Nova York, que me deu um prazo até começo de janeiro para reunir mapas e traçar o roteiro para a visita de John ao Brasil, durante o Carnaval. Tudo seria feito às escondidas, pois ele queria vir incógnito para cá, pôr uma máscara na cara e sair dançando pelas ruas. Seria marcada, um dia antes de ir embora, uma tarde de autógrafos na Revolution.

17 de novembro — Lançado o LP *Double Fantasy* nos EUA. Por ocasião do lançamento do disco, John e Yoko voltaram a dar entrevistas em várias revistas e para algumas estações de rádio. Eles voltavam com força total.

8 de dezembro — John é assassinado covardemente à porta do Dakota, quando voltava de uma gravação do próximo LP, que seria lançado em março de 1981, com o título de *Milk and Honey*. Ele queria ter bastante material novo para as turnês, que seriam iniciadas em meados de março. O compacto contendo a música *Walking in the Thin Ice* estava marcado para ser lançado em 1º de janeiro de 1981, e a música era de Yoko, com John cantando outra música (ainda não havia sido decidida qual) do lado 2. John botava muita fé nesse disco e sua maior alegria era ter conseguido alcançar o 1º lugar nas paradas inglesas, mostrando a todos que Yoko era uma boa pessoa. Ele sempre achou que os ingleses odiavam Yoko.

12 de dezembro — Uma passeata é feita, partindo da 23rd Street e caminhando pela 5th Avenue até o Dakota, em homenagem a John Lennon.

14 de dezembro — Uma vigília silenciosa de dez minutos é feita no mundo inteiro. O Central Park, em Nova York, reúne uma enorme multidão.

Uma da últimas fotos de John Lennon, tirada por Annie Leibovitz, no 7º andar do edifício Dakota.

JOHN LENNON
Por Ele Mesmo

Entrevista a fã-clube norte-americano

Entrevista de John Lennon concedida com exclusividade ao "Fan-club With a little help from my friends", em março de 1970. (Esta entrevista em forma de fita cassete encontra-se nos arquivos do fan-club Revolution, de São Paulo, e está à disposição de qualquer interessado.)

Fan-Club — *Eu preparei uma lista de músicas que, a meu ver, estão associadas a você; músicas que me deram a impressão de descrevê-lo um pouco*: You've got to Hide Your Love Away; Strawberry Fields; It's Only Love; She said She said; Lucy in the Sky; I'm Only Sleeping; Run for your life; I am the Walrus; All you need is love; Rain; Girl.

Lennon — Ah, sim! Concordo com algumas delas. Certo: coisas como *Hide Your Love Away*: isso foi logo depois de descobrir Dylan. *It's Only Love* também, só que eu sempre tive vergonha, por causa da letra abominável; mas acho que, provavelmente, todas estão bem escolhidas. Ontem à noite George deu um pulo aqui e falou disso: "Lembra-se de como a gente ficava meio tímido quando chegava a hora da guitarra e nós mandávamos o blam-blam-blam-blam-blam?" Não que não gostássemos, mas havia alguma coisa errada. E *She said She said* — puxa! dessa eu gostei, porque nessa época eu estava meio mal, pois escrevia muito sem poder ouvir, mas aí, quando ouvi, eu gostei. *Lucy in the Sky*: muito certo. *Sleeping*: é isso mesmo... *Run for your life* eu sempre detestei, sabe; *Walrus*, sim; *Girl*, sim; *All You Need Is Love* ("Você só precisa de amor"), bem, isso você sabe que é natural. As que tiveram realmente um significado para mim — de *Hide Your Love Away* eu não sei, pois foi há muito tempo foram, talvez, *Strawberry Fields*, *She Said*, *Walrus*, *Rain*, *Girl*, e mais uma ou outra, *Day Tripper*, *Paperback Writer* e mesmo *Ticket to Ride*. Lembro-me disso. Foi uma espécie de mudança bem nítida... *Norwegian Wood*, aquela da cítara. Na verdade, todas eu considero como estados de espírito ou momentos.

Fan-Club — *Eu o sinto mais nessas músicas do que numa como* Michelle.

Lennon — Justo, justo, elas têm a minha marca. Mas o negócio é que eu não sei como elas sairiam, se as gravasse com outras pessoas; seria inteiramente diferente. Mas é a minha música e o meu conjunto. Às vezes é meio a meio, como sabe. Quando fazemos a música juntos, ela é dos dois. Porém não estou orgulhoso com todas as minhas músicas. *Walrus*, *Strawberry Fields* — nessas eu faço *questão de colar* o meu nome. Outras são meio... É, penso que aquelas têm mais força.

Fan-Club — *Ouvi dizer que* Strawberry Fields *foi escrita uma vez em que você estava sozinho, na praia.*

Lennon — Justo; na Espanha, quando eu filmava *How I won The War*. Eu estava atravessando uma espécie de momento crítico — sabe, de vez em quando fica muito importante para mim fazer uma música — e daí levou bastante tempo para que a fizesse. Entende? Eu escrevia de pedacinho em pedacinho. Pretendia que a letra ficasse como se fosse uma conversa. Não funcionou; aquele verso saiu meio ridículo, e eu queria que fosse assim (*John cantarola*): "Nós estamos conversando e acontece que eu estou cantando", sentiu? Além disso, tudo era muito calmo. Afinal de contas, a música foi escrita em parte num casarão espanhol, e o resto, na praia. Foi realmente muito romântico — ao cantar também — e eu não sei quem mais estava lá.

Fan-Club — *Você não vê alguma coisa de especial nessa música?*
Lennon — Oh, sim, claro que sim. Ela foi muito importante, tal como o foi *Ticket To Ride*. Já *Rain*, nem tanto. Foi nessa época que eu descobri, acidentalmente, a *reversão*. Foi a primeira vez. No final de *Rain* eu canto da frente para trás: a reversão. Nós já tínhamos acabado o grosso do trabalho na gravadora EMI, e então, como de hábito, levamos o resultado para casa a fim de tentar descobrir mais algum efeito ou prever como ficaria a parte da guitarra. Bem, cheguei em casa às cinco da manhã, com a cabeça como chumbo. Zonzo de sono liguei o gravador com as fitas recém-gravadas. Acontece que acabei pondo a fita ao contrário e a música saiu do fim para o início. Eu fiquei quase em transe grudado no alto-falante. Que é isso? Que é isso? É demais, entende? Muito bacana! Daí eu comecei a querer que toda a música, ou quase, ficasse em reversão; foi isso. Então nós introduzimos o pedaço ao contrário no fim da música. Tudo aconteceu porque eu pus a fita errada e o som saiu ao contrário, e eu achei genial. A voz é como a de um índio velho.

Fan-Club — *Já se escreveram muitas análises filosóficas sobre as suas músicas, particularmente* Strawberry Fields.
Lennon — Bem, eles podem destrinçá-las. Eles podem destrinçar qualquer coisa. Quanto a mim, eu pego as coisas

como um todo, sabe? Eu escrevo as letras e só depois vejo o que querem dizer. Principalmente algumas das músicas melhores, ou das que fluem, que ondulam melhor, como *Walrus*. O primeiro verso inteiro foi escrito sem qualquer consciência do que iria sair. E *Tomorrow Never Knows*, na hora, eu não sabia o que estava dizendo, só descobri depois; é por isso que aquelas pessoas gostam dela. Quando eu gosto de uma letra, sei que em algum lugar as pessoas a estarão olhando; quanto ao resto das músicas, não interessa, porque elas funcionam em todos os níveis. Qualquer coisa. Não me importo com o que elas provoquem. E gosto das pessoas que sentem que eu tenho um estranho tipo de senso rítmico, porque, no palco, eu nunca consegui seguir o ritmo. Eu sempre me perdia. Meu ritmo é esquisito.

Fan-Club — *E que me diz de uma imagem como "táxis de papel de jornal"* (newspaper taxis), *em* Lucky in the Sky With Diamonds?
Lennon — Essa tirada, se eu não me engano, foi de Paul. Em muitos casos isso é o máximo que se pode dizer. A gente é atropelado por um conjunto de imagens e tenta mantê-lo por inteiro.

Fan-Club — *Os críticos sempre tentam achar dentro das músicas coisas que não existem.*
Lennon — Existem, sim. É como arte abstrata. Verdade, é exatamente a mesma coisa. Quer dizer simplesmente que, quando você teve de pensar sobre uma coisa para escrevê-la, você já a trabalhou. Mas quando a gente simplesmente diz a coisa, irmão, você sente que está comunicando: é um fluir contínuo. É igual a quando a gente está gravando ou então só tocando: quando você se desliga e sente que estava na sua, mas que não foi nada, foi tudo muito puro e... bem, é isso mesmo que a gente procura o tempo todo, sentiu?

Fan-Club — *Hoje em dia, que acha dos seus dois primeiros LPs?*
Lennon — Depende da faixa. Há algumas semanas eu ouvi de novo o primeiro LP. A gente sabia o que queria, mas não tinha experiência para consegui-lo. Mas parte do disco é bacana, é bom.

Fan-Club — *A partir de* Rubber Soul *você se separou dos antigos discos.*
Lennon — Certo. Nessa época nós nos introvertemos completamente. Aconteceu alguma coisa. Nós controlamos um pouco, fosse o que fosse o que estávamos começando a produzir, nós tentamos controlá-lo um pouco.

Fan-Club — *Que é* Strawberry Fields?
Lennon — É um nome. Um nome bonito. Queríamos escrever sobre Liverpool, daí eu fiz uma lista de todos os nomes bonitos. *Strawberry Fields* é um lugar perto de nossa casa, onde, aliás, existe um Centro do Exército de Salvação. *Penny Lane* também é um lugar que existe, da mesma forma que *Cast Iron Shore*, que acabo de incluir numa música. Todos são bons nomes. *Strawberry Fields* é onde cada um quiser.

Fan-Club — *Até que ponto você concorda que as músicas contribuem para formar o mito de um estado de espírito?*
Lennon — Não sei. Nós ficamos meio pretensiosos. Como todo mundo, nós tivemos nossa fase e agora estamos mudando um pouco, tentando ser mais naturais, menos na base do "táxis de papel de jornal", digamos. Nós estamos mudando, simplesmente; não sei muito bem o que está acontecendo, mas continuo escrevendo as músicas. Sério, eu gosto mesmo de *rock and roll*. Quer dizer, aqueles lá (*mostra uma pilha de discos da década de 1950*); eu gostava deles naquela época, gosto deles hoje em dia e, de vez. em quando, tento reproduzir *Some Other Guy* ou então *Be-Bop A-Lula*. Seja

qual for, para mim é a mesma coisa: eu só quero saber do som.

Fan-Club — *Em* Penny Lane *você escreveu: "A pretty nurse is selling poppies in a tray / And though she thinks she's in a play / She is anyway " (Uma enfermeira bonita vende papoulas numa bandeja/E, apesar de ela pensar que está representando no teatro / Está mesmo). Brincadeiras à parte, não é isso que você vem querendo dizer nos últimos tempos?*

Lennon — Quem escreveu isso foi Paul, mas eu também me lembro de haver trabalhado nesses versos. Sempre foi meio na base do "ela pensa que está no teatro, mas está mesmo, há-há-há...", sabe, a gente vive dizendo isso: é uma espécie de jogo, entende? Uma brincadeira; mas se você levou a sério, está certo. Também vale. Para nós é simplesmente *Penny Lane*, porque é lá que moramos.

Fan-Club — *Os Beatles são o único conjunto que já estabeleceu diferença entre amigos e namorados. Numa música vocês dizem que a "garota" (*baby*) pode guiar o carro; já em* We Can Work It Out, *vocês se referem à "amiga". Pelos padrões dessa distinção as "garotas" nas músicas dos outros conjuntos ficam bastante depreciadas.*

Lennon — É? Não sei por quê. A idéia acima foi do Paul: "Vou lhe dar um anel de diamante, minha amiga" (*Buy you a diamond ring, my baby*).E foi usada como uma alternativa para garota (*baby*). Mas pelo seu ponto de vista também seria lógico. Na verdade eu não sei. A sua interpretação é tão válida quanto qualquer outra. Em *Baby, You're A Rich Man*, a intenção era mandar as pessoas pararem de se lamentar, cada um é rico, todos somos ricos.

Fan-Club — *Então a música é de gozação?*
Lennon — Bem, todas elas ficam um pouco assim, porque isso tudo existe nelas. Pode acontecer quando as escrevemos ou quando cantamos. Entende? Basta uma ligeira

> "Sim, eu acredito que Deus seja como uma usina de força, uma espécie de usina elétrica, e que Ele seja um poder supremo, que não é nem bom nem ruim, nem de esquerda nem de direita, nem preto nem branco. Eu acho que Deus É".

mudança de entonação nas diferentes gravações de cada música, para que o sentido da letra se transforme; por isso é que nunca temos certeza do que fizemos até ouvir a versão definitiva. E nesse ponto o lado "gozativo" já ficou bem forte.

Fan-Club — *Uma vez, eu ouvi uma garota de doze anos cantando* All You Need Is Love *("você só precisa de amor") na rua, mas em vez de "amor ela dizia "ódio".*

Lennon — Quem sabe ela não tinha razão? Sabe, a gente diz "Você só precisa de amor", soa como uma afirmação, mas resta ainda fazê-lo.

Fan-Club — *Muita gente acha que você está tentando fugir de tudo o que já se fez em matéria de música.*
Lennon — Pois eu gostaria de gravar um disco como *Some Other Guy*. Eu nunca fiz nenhuma que me satisfizesse tanto quanto essa. Outras nesse caso: *Be-Bop-A Lula, Heartbreak Hotel, Good Golly, Miss Molly* e *Whole Lot of Shakin*. E isso não é modéstia, eu ainda estou tentando. Sentamos no no estúdio e começamos a pensar: como é que era, como é

que era? Vamos, vamos ver se a gente consegue fazer parecido. Parecido com Fats Domino em *Lady Madonna*: "*See how they...*"

Fan-Club — *Alguém canta suas músicas bem, fora vocês?*
Lennon — Bem, Ray Charles cantando *Yesterday* é bonito. E *Eleanor Rigby*, também, é muito bacana. Eu gosto muito das cordas nessa gravação; parece o som de cordas em 1930. José Feliciano está muito bom em *Help* e *Day Tripper*. *Got to Get You Into My Life*: claro que a gente dá das nossas com o som de Detroit. Sabemos, nós somos influenciados por tudo o que se faz. Mesmo quando não somos influenciados, caminhamos na mesma direção, num dado momento. Se eu tocasse agora um disco dos Rolling Stones e um dos Beatles, você veria algumas semelhanças, apesar de sempre ter existido uma distância grande entre nós. Em todos nós a batida está ficando pesada. Como é que nós já fizemos coisas leves? Nós já fizemos música *country* antes, porque Ringo gostava. A sua música no LP *The Beatles* saiu *country* e, para ajudar, nós ainda pusemos o violino. Mas nenhum de nós esperava que a moda da música *country* viesse. Já que veio, ótimo. O que a gente está tentando é fazer *rock and roll* com menos filosofia, porque achamos que devemos partir para o *rock*, porque a gente, na verdade, é mesmo do *rock*. Dê-me uma guitarra e ponha-me na frente do público. Mesmo num estúdio, se for o caso, eu estou na minha, sabe? Não na base de Elvis, mas o seu equivalente: para mim é o que é natural, simplesmente. Todo mundo diz que a gente faça isso ou aquilo, mas o nosso caso é *rock*, sabe?, igualzinho e sempre. É esse o caso dos Beatles: *rock*, definitivamente. O que fizemos em *Sergeant Pepper* foi *rock* e não-*rock*. *A Day in The Life*: essa foi demais. Gostei muito. Foi um bom trabalho do Paul e meu. Eu tive a idéia do *I read the news today* ("Li nos jornais, hoje") e o Paul achou genial — sabe, de vez em quando um de nós acha realmente genial uma idéia do outro — daí ele só fez

dizer: "justamente!", acertou em cheio e tudo o mais. Foi muito bacana; nós mesmos fizemos os arranjos e ensaiamos — o que quase nunca a gente faz — na mesma tarde. Como nós todos sabíamos o que estávamos tocando, entramos na música. Tudo foi muito bacana, tudo, dessa vez. Paul cantou uma metade e eu a outra. Faltava ainda uma parte, mas seria forçado escrevê-la, já que todo o resto havia saído tão espontaneamente, fluindo com tranqüilidade; porém Paul tinha já a parte que faltava. Ela lembra um pouco *2001*, não é?

Fan-Club — *Um crítico já escreveu que* A Day In The Life *é uma espécie de* Waste Land *("Terra desperdiçada") em miniatura.*
Lennon — Miniatura de quê?

Fan-Club — *De* The Wand, *de T. S. Eliot.*
Lennon — Sei lá. Sabe, eu não sou muito avançado em cultura.

Fan-Club — *Então você não acha que essa música foi o máximo que atingiram?*
Lennon — Não, não acho. Na minha opinião, tudo o que estamos fazendo hoje em dia ultrapassa qualquer coisa que já tenhamos feito. Mesmo que não seja possível comparar as músicas. O caso é que as músicas já feitas não são mais da onda. Elas foram muito bacanas, mas foram só músicas, sabe, ótimas e tudo mais, mas há coisa muito melhor por fazer.

Fan-Club — *Músicas como* Good Morning, Good Morning *e* Penny Lane *dão a impressão de um sentimento infantil quanto ao mundo.*
Lennon — Nós gostamos de escrever sobre o nosso passado. Eu não gosto muito de *Good Morning, Good Morning*; foi só uma questão de momento: deu na telha fazer uma música. Mas como o tema foi a minha juventude, então a

John no início de sua fase roqueira,
ainda em Hamburgo, Alemanha.

rapaziada gosta: minha vida no colégio e tudo o mais. Com *Penny Lane* é a mesma coisa. Foi muito bacana ficar lembrando de *Penny Lane*, sabe?, o banco existia, os abrigos na parada do bonde também, as pessoas esperando, o guarda, os bombeiros... Foi como reviver a infância.

Fan-Club — *Tanto* Hey Jude *quanto uma de suas primeiras músicas,* She Loves You, *dão a impressão de que você, ao mesmo tempo que está cantando para outra pessoa, o faz para si próprio. Concorda?*

Lennon — Oh, sim. Quando Paul cantou para mim pela primeira vez *Hey Jude*, ou melhor, mostrou uma fita que ele mesmo tinha preparado, a música me tocou de uma forma muito pessoal: "Puxa, sou eu mesmo!" E ele respondeu: "Pois é, estamos sentindo a mesma coisa." E todos nós sentimos. E todo o mundo que ouve se sente assim; isso é que é bacana.

Fan-Club — Hey Jude *foi influenciada — talvez inconscientemente — pelos hinos religiosos hindus (mantras)?*

Lennon — Acho que não — pelo menos conscientemente. Você deve estar se referindo à repetição prolongada no fim da música, não? Eu nunca pensei nisso, mas é tudo válido, sabe? A gente havia acabado de voltar da Índia. Quanto a mim, sempre associei *Hey Jude* às primeiras músicas dos *Drifters*, ou a *You'd Better Move On*, ou a *Bring it Home To Me*, de Sam Cooke; ou então a *Send Me Some Loving*; todas elas me parecem expressar o mesmo tipo de sentimento.

Fan-Club — *Em* Sergeant Pepper *vocês cantam isto: "Gostaríamos de levar você para casa conosco" (*We'd like to take you home with us*). Tanto chamego e tanta intimidade nas músicas não contradiz a necessidade de distância dos fãs que vocês sentem na vida diária?*

Lennon — Bem, a idéia de intimidade e comunhão com

o público é muito bonita. Eu pensava assim: "Puxa, que a minha porta viva aberta a todos que me quiserem visitar". Mas é claro que não funcionou. Virou uma bagunça tremenda. Daí eu disse: "É, não dá pé". Por isso, na verdade o que a gente diz é: "Saiam de perto". Em intenção, a gente vive querendo ser gentil com todo mundo, mas não consegue, na maioria das vezes. Já em música a gente pode dizer: "Bem, tudo o que eu disse naquele dia, quando os mandei sair de perto, foi só uma parte de mim que disse, mas no fundo do coração o que eu quero é ser legal, conversar e me comunicar com vocês". Mas, infelizmente, nós somos humanos, entende?, e por isso parece que não dá certo.

Fan-Club — *Você se sente livre para dizer o que quiser numa música?*
Lennon — Sim. Antigamente eu — bem, todos nós —excluíamos frases, temas e até notas, porque eram banais, clichês. E isso vinha assim até o ano passado, quando todos nos libertamos disso com *Revolution*, no qual retornamos ao básico. Nessa música eu toco guitarra e não melhorei nada como guitarrista desde que havia parado de tocar nos discos. Mas eu gostei muito. O som é aquele mesmo que eu queria.

É uma pena que eu não toque melhor — o dedilhado, sabe? — mas seria impossível fazê-lo, no ano passado; eu ficaria muito paranóico. Eu não conseguiria tocar o di-di-di-di-di-di, e, por isso, quem tinha de tocar era George ou então um guitarrista melhor. Mas agora eu acho muito bacana, inclusive os clichês. Nós já passamos a fase de não usar certas palavras só porque elas não fariam sentido, ou melhor, porque nós achávamos que elas não fariam sentido. E é claro que Bob Dylan nos ensinou muito a esse respeito. Outra coisa: eu escrevia de um jeito contos e livros, e, de outro, as letras de música. Nos livros eu escrevia num estilo completamente livre quanto à forma, mas quando começava a escrever uma letra, tinha de ser dentro do di-du-du-di-di-

di-du da música. E foi só com Dylan e todo o movimento contemporâneo que eu vi que dava tudo no mesmo, que o caso era cantar as palavras.

Fan-Club — *Você escreve as suas músicas com instrumentos ou na cabeça?*
Lennon — No piano ou na guitarra. Quase todo o LP *The Beatles* foi feito na guitarra, porque nós estávamos na Índia e lá só tínhamos as guitarras. As músicas saíram diferentes. Eu senti falta do piano, porque é diferente escrever ao piano e na guitarra. Eu toco piano pior do que guitarra; aliás eu quase nem sei quais são as notas do piano. E é melhor ter um pouco menos tintas para pintar, há-há...

Fan-Club — *Que acha da versão de Bob Dylan para* Norwegian Wood?
Lennon — Eu fiquei muito paranóico. Lembro que ele a tocou para mim quando esteve em Londres. Ele disse: "Que tal?" E eu respondi: "Não gostei." E não gostei mesmo; fiquei muito paranóico. Eu achei que era gozação pura, sabe?, mas não era. Era para valer. Quer dizer, ele não estava tirando onda para cima de mim. Eu não estava entendendo.

Fan-Club — *Que acha das novas músicas de Dylan?*
Lennon — São boas. Só que eu acho o acompanhamento meio chato, e é tudo. Mas ele tem razão no que está fazendo, porque em geral ele tem.

Fan-Club — *Musicalmente falando, você pegou alguma coisa de algum outro cantor?*
Lennon — Claro, de milhões. Todos de quem eu já falei: Presley, Little Richard.

Fan-Club — *Algum contemporâneo?*
Lennon — Ué, e esses já morreram? Bem, ninguém

agüenta muito tempo. Os Stones e outros conjuntos já me "ligaram", mas nenhum deles me mantém "ligado" durante um LP inteiro, ou mesmo três músicas seguidas.

Fan-Club — *De certa forma, você e Dylan se relacionam.*
Lennon — É, durante algum tempo nós andamos juntos, mas eu não consegui agüentar. Muito paranóico. Eu sempre o visitava quando ele vinha a Londres. Eu comecei a achá-lo bacana uma vez em Nova York. Ele pensava que em *I Want To Hold Your Hand* quando diz *"I cant' hide"* (não posso esconder-me), fosse *"I get high"* (sinto-me "alto"): era isso que ele entendia. Daí ele apareceu com Al Aronowitz e nós ficamos "naquela", foi uma gargalhada só a noite toda. Somos muito gratos a ele.

Fan-Club — *Vocês ainda se vêem?*
Lennon — Não. Porque ele está vivendo sua vidinha sossegada, está em outra. Se eu estivesse em Nova York, seria ele a pessoa que gostaria mais de visitar. Eu já me desenvolvi a ponto de poder me comunicar com ele. Nós dois éramos muito fechados, sabe? E claro que, sendo eu fechado, não conseguia descobrir que ele era fechado; eu era meio... tudo isso. Mas a gente se via, porque gostava da companhia um do outro.

Fan-Club — *Hoje em dia, que acha da Índia?*
Lennon — Eu não me queixo de nada, porque foi tudo muito bacana e eu tive várias experiências espetaculares: meditar oito horas por dia, e algumas coisas fantásticas, algumas viagens fantásticas. Foi ótimo. E de vez em quando eu ainda faço meditação. George faz regularmente. E eu acredito implicitamente em tudo isso. Simplesmente é muito difícil dar continuidade. Já não vejo mais as coisas tão cor-de-rosa. E olha que eu sou assim, muito idealista. Por isso não consigo fazer os exercícios espirituais, pois já não sou como antes. Quer dizer, eu já não quero mais lutar tanto. Simplesmente

> "(...) Porque o Elvis era o maior. Nós queríamos ser os maiores. Não é isso que todo mundo quer?"

aconteceram — ou deixaram de acontecer — algumas coisas, não sei, mas é certo que alguma coisa mudou. Foi como um estalo — clic — a gente simplesmente foi embora; não sei o que houve e ainda está muito perto para saber; realmente, eu não sei o que houve.

Fan-Club — *As fotografias na capa do disco* Two Virgins *são tão simples que lembram os daguerreótipos...*
Lennon — Ah, é porque fui eu que tirei. Eu também sou fotógrafo, sabe? Quando fui ao Japão algum japonês me deu uma Nikon, e tenho ainda a Pentax, a Cannon, a vum-vum e todas as outras. Então, resolvi tirar as fotos eu mesmo.

Fan-Club — *Você não liga para as gracinhas dos chatos na rua?*
Lennon — Não, não. Claro que não era muito confortável andar pela rua com os motoristas de caminhão soltando piadas, etc, mas isso acaba passando. Na realidade, todos nós estamos nus. Quando atacam a Yoko e a mim, sabemos que eles são paranóicos, não ligamos muito. São eles que estão por fora, e a gente sabe que eles não sabem que não sabem; todo esse pessoal vive no nada. O caso é que o disco também significa o seguinte: "Olha, não chateia, tá? É um casal — que foi que nós fizemos?"

Fan-Club — *Lenny Bruce (um cômico) já se comparou a um médico, argumentando que, se as pessoas não estivessem doentes, não precisariam dele.*
Lennon — É isso mesmo, não é? Desde que nós passamos a ser mais naturais em público — nós quatro — já levamos muita paulada. Quer dizer, nós estamos sempre como somos, sempre naturais; não poderia ser de outro jeito, nós não estaríamos onde estamos se não fosse assim. E foi preciso a força de todos os quatros para chegar até aqui, nenhum de nós teria conseguido chegar ao sucesso e ficar lá. Não sei por que sou o mais atacado, mas deve ser porque sou eu o que fala mais; sabe, me dá alguma coisa e eu esqueço o que sou, até que, quando vejo, já deu "galho" de novo. Quer dizer, a gente é atacado por baixo, pelo próprio pessoal da música — eu pessoalmente. E todo o mundo agindo assim. E acho bom pararem logo.

Fan-Club — *Não seria possível ficar em paz numa cidade pequena, sem ligar para nada disso?*
Lennon — Bem, seria a mesma coisa, sabe? Eu vi isso na Índia, deu para sentir. É tudo relativo, num lugar pequeno, aí mesmo é que você ressalta. Não há escapatória.

Fan-Club — *É pena que as pessoas não possam vir até aqui individualmente para ver como você está vivendo.*
Lennon — É, é isso mesmo. Passou mais de um mês depois que eu e Yoko viemos morar juntos, que não vi Ringo e sua esposa, e ainda havia rumores circulando sobre o filme e tudo o mais. Maureen dizia que achava muito esquisito o que estava acontecendo e onde a gente andava. E todos os meus amigos e o pessoal da Apple reagia estranhamente quanto a Yoko e a mim, e a tudo o que estávamos fazendo — "Será que eles estão doidos?" Claro que não estávamos, mas, se eles ficavam intrigados e achavam estranho o fato de nós dois estarmos juntos e fazermos o que fazíamos, imagine o resto do mundo o que não pensava...

Fan-Club — *A revista* Time *publicou uma entrevista com Jean-Luc Godard...*

Lennon — Ah, sim, e ele disse que nós devíamos fazer não sei o quê. Olha, isso é despeito de um cara que não conseguiu que nós aparecêssemos num de seus filmes (*One Plus One, no qual os Stones aparecem*), e eu não esperava isso de alguém como ele. Prezado sr. Godard, o fato de nós não concordarmos em fazer um filme consigo, não quer dizer que a gente julgue que está fazendo coisas mais importantes. Nós todos devemos fazer tudo o que estamos fazendo.

Fan-Club — *Mas Godard pôs a questão em termos políticos. Ele disse que quem não concorda com as instituições vigentes e tem dinheiro e influência devia lutar para substituí-las, e que vocês não o fazem.*

Lennon — E o que acha ele que nós estamos fazendo? Ele que pare de ver só seus próprios filmes e dê uma olhada no resto do mundo.

Fan-Club — *Que aconselharia a um ativista do Poder Negro que tivessem mudado de idéias, mas fosse impedido de se integrar na sociedade?*

Lennon — Bem, eu não diria nada, porque ele é que tem de descobrir. Se ele achar que a única solução é a violência, não adianta tentar convencê-lo do contrário, porque ele sabe melhor que eu qual é a sua situação. A violência está em todos nós também, e por isso eu introduzi a parte do *sim* e *não* em algumas gravações de *Revolution* e na versão para televisão: "Destruição, sabe, não conte comigo... mas conte comigo"; contra e a favor, sim e não, é como o Yin e Yang das religiões orientais. (*Letra da música em inglês: "Destruction, well you know, you can count me out, and in.*) Eu prefiro o *não*, prefiro ser *contra* a violência. Porém ela também existe em nós. Não sei o que faria no lugar do sujeito acima; mas acho que eu não seria muito pacífico nem humilde.

Os cinco Beatles em Hamburgo, 1960.
(*Da esquerda para a direita*) Pete Best, George Harrison,
John Lennon, Paul McCartney e Stu Sutcliffe.

George, Stu Sutcliffe e John em Hamburgo, 1960.

Segunda entrevista

Lennon — Não acho natural que as pessoas tenham de se incomodar com o nosso casamento, como se este fosse o fato mais estranho ocorrido no mundo ultimamente. Não há nada de mais natural que duas pessoas se casarem quando se amam realmente. E, acima de tudo, um ato de confiança mútua, o casamento, só diz respeito às duas pessoas por ele envolvidas. Quando falo no amor entre mim e Yoko quero dizer que ele atinge a tudo que fazemos, tudo o que nos rodeia. Entenda, não se trata apenas do fato de dizermos que ele existe. Na verdade ele existe realmente.

Yoko — O casamento muda as pessoas nele envolvidas. Assim foi comigo nas duas vezes que me casei anteriormente, assim foi com John. Mas ele está acima de qualquer obrigação com essa sociedade tão cheia de erros. É algo superior, que só a nós interessa. Paradoxalmente, se o nosso casamento interessa a todo mundo, não é pelo simples fato de um dos Beatles ter casado pela segunda vez, mas porque um homem tenta pela segunda vez encontrar uma razão para viver, o que só conseguimos pelo amor total.

Lennon — Alguns jornalistas insinuaram, logo que começamos a viver juntos, eu e Yoko, que as divergências entre os Beatles aumentavam dia a dia, que muito em breve iríamos nos separar e o exemplo disso eram alguns de nossos negócios em comum que foram desfeitos. Paul, George, Ringo e eu somos tão unidos quanto no começo dos Beatles como conjunto musical. Todos sabem que mudamos muito desde então, e todos devem saber também que temos consciência disso. Sabemos da influência do grupo em todos os jovens do mundo inteiro. Yoko nada tem a ver com nossas relações, que continuam inalteradas, fiquem tranqüilos. Os Beatles existirão por muito tempo ainda, sob outras formas, diferentes de hoje, talvez, porque tudo evolui, mas eles nunca desaparecerão. O que é importante dizer é que cada um de nós, como todos os homens, é diferente do outro. Assim, se Paul é mais agnóstico, mais cínico na maneira de ver o mundo do que eu, isso não quer dizer que nunca mais nos falaremos. A vida mostrará quem tem razão.

Desde que paramos de dar apresentações para o público nós resolvemos nos permitir uma série de necessidades que há muito tempo se manifestavam dentro de nós. Assim é que Paul fez filmes curtos com Ringo, George estudou musicologia oriental e eu escrevi dois livros e produzi um filme com Richard Lester, *Como Ganhei a Guerra*. De cada uma dessas experiências trouxemos alguma coisa de novo para o nosso trabalho em conjunto. Mas as pesquisas de cada um se desdobram, as necessidades de expansão de uma força de criação se faz notar cada vez mais forte, e aí sentimos necessidade de explodir. Cada um nós o faz de uma maneira, certo?

Os Beatles existirão sempre como organização, e sabe por quê? Pela possibilidade que teremos de fazer alguma coisa pela juventude, pela paz no mundo. Amanhã mesmo partiremos para Amsterdã, onde participaremos de várias manifestações públicas pela paz no mundo. E eu e Yoko pensamos em continuar a participar desse movimento pela paz até que aqueles que pensam que nós somos dois farsantes vejam que nunca falamos mais sério em nossa vida. O que acontece é que todas as pessoas que protestam contra o sistema, hoje em dia, correm o risco de ficarem tristes demais. Mas eu penso que esse tipo de luta não impede que sejamos alegres. Eu prefiro ser sempre o cara que chega numa festa e anima as pessoas tristes apenas com a presença.

Yoko — John e eu sabemos o risco que estamos correndo, sabemos que os inimigos pensam que somos dois farsantes. Mas no momento em que eles virem que estamos realmente decididos a enfrentá-los, temos certeza de que eles tentarão

> **"Todo rei acaba sendo morto por seus cortesãos."**

tudo, e até mesmo métodos violentos. John e eu sabemos que corremos o risco de sermos assassinados.

Lennon — Foi o que ocorreu com todos os personagens que falaram de paz no mundo recentemente, os Kennedy, Luther King e Gandhi. Não faremos nada político, mas um movimento muito amplo, que contará com os jovens de todo mundo.

A paz é necessária para a sobrevivência dos homens em condições naturais. Poucas pessoas têm vivido de verdade nessa época tão confusa. Temos a responsabilidade de descobrir um novo caminho. Afinal é hora de assumirmos a direção do *Submarino Amarelo*.

Os inimigos? Eles são muitos, poderosos, e estão por todas as partes em que existam mais de três homens vivendo. Estão no ar, estão no espírito.

Os inimigos querem destruir a possibilidade que o homem tem de encontrar a paz e a tranqüilidade necessárias para a sua sobrevivência. É preciso que as pessoas acreditem que precisamos ser contra a guerra, de todas as maneiras. Mas não é a guerra que resolverá qualquer problema, não é a guerra que trará para o homem o caminho da paz. É preciso que os homens acreditem na possibilidade de uma paz sem guerra. Uma paz permanente. Por isso os inimigos poderão ficar bem tranqüilos quanto ao futuro dos Beatles. Continuaremos unidos, pois sabemos que esta é a maneira de mostrarmos que temos um caminho a percorrer, uma existência a cumprir.

Ficaremos sete dias sem levantar da cama em sinal de protesto contra as guerras em todo o mundo. Gostaríamos que os jovens nos acompanhassem em nosso protesto.

(John Lennon já estava em lua-de-mel com Yoko Ono, no Hilton Hotel de Amsterdã. No quarto, frutas, discos, gravadores, caixa de chocolate. A um canto, vestindo robes brancos de guru o casal recebe os jornalistas. John fala mansamente: "O que todos devem compreender é que a nossa ambição é apenas deixar um exemplo de viver", e acende um cigarro. O regime macrobiótico não impede seus seguidores de fumar, e ele o faz com certa freqüência, às vezes com haxixe *em vez de tabaco.)*

Lennon — Quando estou cansado, prefiro fumar a beber algumas doses de uísque. Está provado que o álcool prejudica o organismo, enquanto o fumo, qualquer que ele seja, não. Além disso, não há ressaca.

E os Beatles? Eles existirão sempre, mesmo em outra sociedade, em outro sistema. Nós estamos em todas as partes, até mesmo no ar.

E John, abraçado a Yoko, soprou forte a fumaça do exótico cigarro.

(E John, abraçado a Yoko, soprou forte a fumaça do exótico cigarro.)

Entrevista a *Ele & Ela*

Esta entrevista foi concedida por John Lennon à revista Ele & Ela *brasileira, na famosa coletiva à imprensa, em junho de 1970, durante o* bed-in, *realizado em Montreal / Amsterdã.*

Ele & Ela — *Você tomou conhecimento das acusações de Paul McCartney?*
Lennon — Tomei. Considero-as, até certo ponto, bastante justas. Somente num ponto ele errou: não estou ficando careca. Houve um momento em que comecei a perder um pouco de cabelo, mas felizmente a coisa parou — e eu fiquei cabeludo o suficiente para fazer parte dos Beatles.

Ele & Ela — *Afinal de contas, os Beatles existem ainda?*
Lennon — Os Beatles estão mortos, vivem os Beatles. Gravamos nosso último LP, *Abbey Road*, em setembro, e todo mundo já quer saber o que está acontecendo. Se não gravarmos juntos outra vez, tanto pior; mas, se gravarmos ainda, tanto melhor, formidável!

Ele & Ela — *Parece que agora só lhe interessa amor e paz.*
Lennon — É verdade. Eu e Yoko nos encontramos e descobrimos que tínhamos o grande dom do amor. Achamos que devíamos difundir esse amor, depois de viver um para o outro durante um certo período. Então resolvemos nos casar. Afinal, nossa influência sobre muita gente é considerável. Sabíamos que a paz é o mais importante, mas, de onde começar? Foi quando descobrimos que amor e paz são inseparáveis e resolvemos dividir nosso amor com o mundo.

Ele & Ela — *O que fizeram até agora?*
Lennon — Começamos pelo nosso *bed-in* de Amsterdã, em julho, que durou sete dias. Ficamos na cama do Hotel Hilton e convocamos a imprensa. Outra etapa: começamos

a cultivar milho, em Coventry, para mandar a espiga — símbolo da paz — a todos os líderes do mundo; depois, outro *bed-in*, em Montreal. E mandamos afixar nosso manifesto — *Se você quiser, a guerra pode acabar* — nas paredes dos Estados Unidos, Itália, Inglaterra e França, o que nos custou um milhão e meio de francos. Agora já mandamos um mínimo de 300 espigas de milho e recebemos umas 30 respostas. Acho que muitas se perderam pelo caminho.

Ele & Ela — *Que espécie de respostas vocês receberam?*
Lennon — Umas diziam: "Obrigado, acusamos recebimento", outras: "Esperamos que algum dia se faça alguma coisa, mas, por ora, esperemos, esperemos". Entre os que responderam estão o rei Hussein, o *premier* canadense Trudeau, uma rainha escandinava e outros líderes de pequenos Estados africanos. E ainda aquela brava senhora de Israel que disse: "Plantarei qualquer coisa para ter a paz."

Ele & Ela — *É verdade que mandarão a fatura de seu manifesto para Nixon?*
Lennon — Sim, a coisa começou como piada, mas depois pensei, "por que não? Poderá ser uma boa idéia".

Ele & Ela — *O que pretendem com seus filmes? O último, por exemplo?*
Lennon — Tentamos exprimir o que sentimos nesse momento. Fizemos *Smile*, em que eu apareço sorrindo o tempo todo. Pena que não se possa exibi-lo num cinema normal, porque os administradores não o aceitam. Mas ainda temos esperança de encontrar alguém que o julgue comercial e o lance, como lançaria Disney. O filme merece, é belíssimo. Se Leonardo vivesse hoje, não pintaria a Gioconda, mas faria um filme.

Ele & Ela — *E o filme sobre uma parte menos evidente de seu corpo?*

Lennon — *Auto-retrato*? É muito diferente. Essa parte menos notada é apenas o que é. Uma coisa extraordinária, mas nada mais do que é, ainda que muitos críticos tenham começado a construir teorias em torno dele. Alguns diziam: "É terrível!", outros, "É muito trágico!"

Ele & Ela — *Mas você esperava ser levado a sério?*
Lennon — Por que não? Uma burla é sempre uma coisa séria.

Ele & Ela — *Quando a rainha os condecorou com a Ordem do Império Britânico, você levou a coisa a sério? Ficaram impressionados?*
Lennon — Eu levei na brincadeira. No começo tivemos vontade de rir, porém quando chega o momento da condecoração, não se brinca mais. Mas tivemos de fazer um esforço enorme para não cair na risada, pois havíamos fumado maconha no gabinete de Buckingham e estávamos na nossa...

Ele & Ela — *Que disseram à rainha?*
Lennon — Não tínhamos nada a dizer. Ela falou qualquer coisa como: "ah, uh, lá, lá", não entendemos bem. Ela é muito mais fascinante em pessoa que em fotos. A monarquia é uma besteira, mas não se pode ficar menos que impressionado quando se está no palácio real e em frente da rainha. Era como um sonho maravilhoso. Havia música e eu olhava o teto. Nada mal, o teto. Histórico. Como estar num Museu.

Ele & Ela — *Por que devolveu a condecoração?*
Lennon — Me dava sempre um pouco de cansaço. Era um compromisso.

Ele & Ela — *Mas porque você aceitou esse compromisso?*
Lennon — Eu queria rejeitar. Quando recebi a carta, amassei o papel e ia jogar fora, mas meu empresário não deixou.

Os outros disseram: "Vamos aceitar, vai ser divertido". E eu aceitei, porque, recusando, impediria aos outros a condecoração.

Ele & Ela — *Agora que vocês quatro se vêem menos, acha que a beatlemania ainda é possível?*

Lennon — Mas é claro, evidente. É como Elvis Presley. Basta pôr o nariz de fora para tudo recomeçar como antes. Não estou sendo presunçoso, sei que a beatlemania é latente.

Ele & Ela — *Você tem uma boa lembrança dos fãs?*

Lennon — Era uma coisa que nos dava energia. Rendíamos o quádruplo.

Ele & Ela — *Desde o início?*

Lennon — Desde o início nós queríamos simplesmente ser os maiores. Sonhávamos ser o Elvis Presley inglês. Eis tudo. E acreditávamos tanto no sucesso que, nas piores fases, tínhamos uma musiquinha um pouco como nos musicais hollywoodianos. Um de nós dizia "Aonde acabaremos, rapazes"? E os outros respondiam: "No mais alto possível, Johnny".

Ele & Ela — *E a gravadora Apple?*

Lennon — Apple grava o sucesso e vai ser maior que os Beatles. Porque é administrada por profissionais, por financistas, e defendida por advogados... No começo, em 1966, a Apple atraiu gente demais. Havíamos dito "Venham de qualquer jeito" e acabamos recebendo todos aqueles de quem ninguém queria saber. Todos aqueles *hippies* com poesias, cantores desafinados, atores incapazes. Passávamos o dia vendo e ouvindo gente que não tinha nada de bom para mostrar. Perdíamos tempo e dinheiro. Há um ano dissemos basta.

Ele & Ela — *Dizem que vocês recusaram alguns conjuntos famosos.*

Julian, Cynthia e John.

Lennon — Talvez porque pretendessem muito dinheiro. Nós fazemos contratos, não fazemos caridade. E eu só me interesso pelo melhor.

Ele & Ela — *E o que é o melhor para você?*
Lennon — Bob Dylan, Elvis Presley, Frank Zappa, o líder dos Mother of Invention. Isso basta.

Ele & Ela — *Como vocês começaram a usar drogas?*
Lennon — Quem nos fez começar foi Bob Dylan, quando estivemos em Nova York. Ele ouvira nossa canção que dizia *I can't hide* (*não posso esconder*) e entendera *I get high* ("estou drogado"). Quando nos encontramos, ele disse "magnífico, vamos rapazes, tenho uma erva das melhores". Ele pensou que estivéssemos acostumados às drogas. Fomos e acabamos fumando e rindo a noite inteira.

Ele & Ela — *O que acha das drogas?*
Lennon — O melhor é ignorá-las todas, inclusive o café, o cigarro comum e o álcool. Sou contra todas as drogas do mundo.

Ele & Ela — *Mas você mandou publicar um anúncio de página inteira no* Times *para pedir a legalização da maconha.*
Lennon — E estou pronto a mandar de novo. O país que legalizar a droga estará rico. Seria uma ótima ajuda para as pobres finanças inglesas.

Ele & Ela — *E o LSD?*
Lennon — É preciso ser prudente, tomar a dose exata.

Ele & Ela — *E o que acontece quando se toma a dose exata?*
Lennon — Para nós aconteceu o nosso LP, *Sergeant Pepper*. Para mim, serviu de espelho. Mas nem todos têm coragem de se olhar no espelho.

> "Eu li sobre Van Gogh, Beethoven — todos eles, — pois é, se eles tivessem psiquiatras nós não teríamos essas coisas geniais."

Ele & Ela — *Por que seu último disco, gravado com Yoko Ono e George Harrison, chama-se* Instant Karma!?*O que o Carma é para você?*

Lennon — Carma é a ação e a reação. Se uma pessoa fuma, é uma ação; tossir é uma reação. Quando digo "buah", isso provoca reações infinitas para sempre. Isso é o Carma. Assim, se alguém coordenar sua vida para que cada movimento seja exato, terá um bom Carma.

Ele & Ela — *E as suas ligações com o hinduísmo?*

Lennon — Eu amo Buda, Jesus, Maomé. Mas talvez conheça um pouco mais de hinduísmo, graças ao maharishi que seguimos na Índia, há três anos. Era ioga, portanto não muito ortodoxo. Eu sou zen-budista.

Ele & Ela — *Você acha que o maharishi lhe foi útil?*
Lennon — Sem dúvida. É um homem maravilhoso.

Ele & Ela — *Não se comercializou um pouco demais?*
Lennon — Não vejo nada demais nisso. É uma forma de esnobismo dar sentido pejorativo a palavras como comercializar ou popularizar. Nós utilizamos mal a publicidade e

o comércio, porque os achamos repugnantes. Eu acho que a publicidade é uma boa coisa. Se a paz mundial puder ser obtida por meio dela, eu acho perfeito. Pode-se vender água, sabão ou paz. É isso que tentamos fazer.

Ele & Ela — *Alan Watts, o profeta beatnik que introduziu o zen budismo nos Estados Unidos, disse que daqui a cinqüenta anos a América será povoada por monges budistas, enquanto o Japão estará coberto por auto-estradas.*
Lennon — Não me importa onde estarão os monges e onde estarão as auto-estradas. Para mim o importante é fazer o amor, e não a guerra, em todos os lugares do mundo.

Ele & Ela — *Porque os Beatles recusaram recentemente uma turnê pelos Estados Unidos, ganhando quatro milhões de dólares?*
Lennon — Todos os anos, nessa mesma época, é a mesma história. Fulano oferece tantos milhões de dólares por uma exibição pública. Isso vem há cinco anos, e a cifra sempre aumenta. Não vale a pena se incomodar. Os jornais falam em quatro milhões, mas quando se conhece a confusão que existe em tudo isso, não vale mesmo a pena. E o dinheiro não interessa aos Beatles. Podemos até vir a fazer *shows* gratuitos.

Ele & Ela — *O novo conjunto Ono Plastic Band se parece com as velhas orquestras de* rock and roll?
Lennon — Eu sou uma velha orquestra de *rock and roll*. Basta escutar *Instant Karm!*. Quando fui gravá-lo, perguntaram-me: "O que você quer?" Eu respondi que desejava a década de 1950. É a minha infância e, para mim, *rock* é folclore. Não sou um cara e uma guitarra cantando minas ou ferrovias, porque isso não se canta mais. Hoje se canta o *Karma*, o budismo, a paz. Folclore é o *rock* de base, não o psicodélico ou intelectual.

Ele & Ela — *Você esteve na Grécia em fins de 1969. Acha isso normal?*

Lennon — Acho normal, sim, ir à Grécia, quando se vive na Inglaterra, porque os dois países são pouco diferentes. Pode ser que na Grã-Bretanha o fascismo seja um pouco mais doce, mas sempre é fascismo. É fácil, por exemplo, exagerar o problema do negro na Inglaterra, mas o problema dos operários é bem mais sério do que se pensa. Pode ser que ele viva um pouco melhor que há duzentos anos, mas suas condições de vida não mudaram nada, na realidade.

Ele & Ela — *Mas, de acordo com você, o mundo inteiro é fascista.*

Lennon — Exatamente. Por isso vou à Grécia. Andei pela Grécia dos seres humanos, que estão aterrorizados e procurando fazer alguma coisa. Quero ir à Tchecoslováquia, a toda parte.

Ele & Ela — *Você declarou que não quer ser um segundo Martin Luther King.*

Lennon — E não quero mesmo. Não quero ser um herói morto, não quero ser um Cristo. Se eu fosse como Cristo, capaz de suportar as dores, eu diria "ok", mas não tenho a menor vontade de ser assassinado. E depois, não sou um líder. As pessoas acreditavam que os Beatles quisessem desencadear uma revolução entre os jovens. Não, eles se contentavam apenas em levar uma bandeira. Um enorme exército avança agora com sua cavalaria e suas armas. Eu também levo uma bandeira, que posso até passar para outro.

Ele & Ela — *Você acha que a juventude está pronta a segui-lo?*

Lennon — Acho que a juventude atravessa uma crise depressiva de drogas. Nós, os Beatles, também já passamos pelas drogas. Muita gente passa. Mas os jovens estão desesperados. Nós tentamos dizer-lhes: "Calma, ainda há esperanças".

Ele & Ela — *Você crê em Deus?*
Lennon — Creio na energia. Creio que Deus seja uma fonte de energia. Partindo de Deus pode-se atingir a energia e transformá-la em potência. Com essa potência pode-se fazer o milagre que se quiser. Acho que a energia é bela e boa porque é energia pura. Não acredito num Deus que fique sentado lá em cima aprovando ou desaprovando na base do "Hum hum, oh, oh".

Ele & Ela — *É verdade que você criticou os progressistas norte-americanos e a revolta na Universidade de Berkeley a propósito do campo esportivo que os estudantes queriam dividir com os negros?*
Lennon — Eu disse apenas "Não morram por um pouco de terra. Vocês fazem o jogo do *establishment*, batendo-se por uma propriedade". Todos falam da não-propriedade, mas estão prontos para perder a vida por uma propriedade. Essa gente do chamado *underground* é capaz de escrever dois milhões de palavras sobre a paz, mas estão prontos para morrer e matar amanhã. Então eu lhes digo: "Vocês só fazem porcaria. Chega de tantos intelectuais, chega de dois milhões de palavras sobre a paz". Essa gente do *underground* é ainda mais esnobe que os intelectuais. Acham que são muito espertos. Qualificam os do *establishment* de porcos estúpidos. Mas quem detém os jornais e as televisões, quem tem tudo na mão, quem joga os muito espertos nas prisões são eles, os porcos estúpidos. Então, quem tem o poder? Os espertos ou os estúpidos? São os porcos que dão as cartas, que emporcalham os estúpidos até obrigá-los a reagir violentamente. E não esperam outra coisa, porque têm todas as armas, sabem muito bem como se defender e golpear. Nós não fazemos mais que tentar vender um velho produto, a paz, como um

detergente. E pouco importa a quem falemos, desde que possamos falar. Na Inglaterra as coisas são piores. A Inglaterra é meu pai. No Canadá tenho sido mais ajudado. É como um tio que lhe dá o dinheiro para o cigarro, enquanto seu pai o proíbe de fumar e o manda dormir. No início as pessoas não nos recebiam bem. Hoje elas já nos sorriem. Não somos mais perigosos para elas. Pelo menos, já fazemos parte da sua paisagem.

Ele & Ela — *Mas os Beatles sempre foram aceitos.*

Lennon — Porque todos tinham necessidade, vontade de ver e sentir a juventude se exprimir por meio de uma certa música. Os Beatles satisfizeram esse desejo. Eles representavam para muita gente os bons velhos tempos. E ainda são os velhos tempos. Os Beatles pertencem, e sempre pertenceram, ao passado.

Yoko, Julian, John e Eric Clapton, durante as gravações no especial para TV *Rock and Roll Circus*, 1968.

Todos juntos na época, 1969.

John, Yoko e o Ano Um

Toronto. A neve começava a cair em focos que salpicavam o vidro das janelas. Ronnie Hawkins bocejava. Yoko aconchegouse mais a John Lennon, sorveu uma tragada de seu Gitane e fechou os olhos. O ambiente da antiga fazenda de Hawkins e de sua esposa Wanda, nos arredores de Toronto, era sonolento e relaxante.

O rosto vazio do apresentador de televisão Ed Sullivan saltou no vídeo no momento em que Wanda entrava na sala: "Olha, os Beatles na TV!", exclamou. John e Yoko voltaram à vida, e Hawkins levantou-se para aumentar o volume. Lennon saltou do sofá e ajoelhou-se a poucos centímetros da tela.

O plano aberto foi cortado para um close *de Paul McCartney cantando "Yesterday, all my troubles seemed"... Lennon deu risada: "Puxa, ele tava cagando de medo!"*

Depois houve uma repetição da primeira e única aparição do grupo no programa de variedades de Sullivan. Lennon, de cabelos curtos e nitidamente nervoso, assassinava sua guitarra e gritava no microfone. John já havia retornado ao sofá, e Yoko ria. "É esse mesmo o meu marido?", perguntou, numa provocação. John deu de ombros.

Shea Stadium: John, na frente das outros Beatles, passando pelo cordão de policiais, e cortes com imagens de adolescentes chorando, suplicando. "Puxa...", murmurou John. "Eu me lembro de cada momento desse espetáculo. Foi incrível."

Alguns minutos depois, Sullivan foi substituído por um programa de notícias e comentários de uma rede canadense de TV, a WS, e Lennon estava novamente no vídeo, falando sobre a paz e sobre um grande festival de música pop *em favor da paz a ser realizado no Canadá no verão seguinte. Suas palavras eram claras e cheias de convicção. O entrevistador queria saber se os demais Beatles estariam na apresentação. "Sim, sim", respondeu, John impaciente. "Eu vou pedir a todos eles. Não posso dizer agora que eles virão, mas acho que sim."*

A chegada de John e Yoko a Toronto pela terceira vez em menos de um ano foi precedida por uma grande campanha, lançada simultaneamente em doze cidades na manhã do dia anterior. Em Toronto, havia trinta cartazes de rua, além de milhares de pôsteres e folhetos, todos com o dito The War Is Over *(A Guerra Acabou). A Capitol Records do Canadá fez anúncios nos jornais com a mesma mensagem. A primeira entrevista coletiva à imprensa teve lugar no Ontario Science Centre.*

"Bem", anunciou, John, "nós voltamos ao Canadá para anunciar os planos para um grande festival de música e paz a ser realizado no Mosport Park, perto de Toronto, nos dias três, quatro e cinco de julho do próximo ano. Nossa intenção é fazer o maior festival de música da história, e vamos pedir a todos os grandes nomes que venham tocar.

A idéia de nossa nova campanha pela paz é a de sermos positivos. Não se pode esperar que as pessoas façam qualquer coisa a troco de nada. A gente tem de fazer as coisas como o sistema. A idéia veio do povo de Toronto. Eles queriam produzir o maior festival pop *da história pelos caminhos normais, depois dar uma porcentagem da renda bruta a um novo fundo pela paz que estamos estabelecendo. Mas não vai ser o mesmo que os fundos normais, e foi por isso que nós gostamos da idéia.*

Nós estamos formando um conselho de paz que vai administrar o fundo da forma que julgar conveniente. Se resolvermos, por exemplo, que queremos dar comida para as crianças famintas de Biafra, não usaremos os meios tradicionais. Em vez disso, alugaremos aviões e transportaremos nós mesmos os alimentos até lá. Nós estamos desistindo de todos os antigos métodos porque eles não funcionaram muito bem, pelo que vimos.

John falava lentamente, escolhendo as palavras com um cuidado evidente. Yoko, parecendo nervosa, mastigava uma enorme pelota de goma de mascar e na maior parte do tempo só ouviu, sorrindo continuamente para John.

"Um de nossos amigos aqui em Toronto surgiu com a idéia de que o ano-novo não deveria ser chamado de 1970 d.C. Todos

> **"Eu sempre que podia compunha sobre mim mesmo. Jamais gostei realmente de compor na terceira pessoa."**

que estiverem numa de paz e consciência deverão considerar o ano-novo como o Ano Um d.P. — depois da Paz. Todas as nossas cartas e calendários de agora em diante deverão usar este novo método.

Juntamente com o festival, vamos ter também uma Votação Internacional da Paz. Estamos pedindo a todos que votem pela paz ou pela guerra, e que mandem um cupom com nome e endereço. Isso vai ser feito no mundo todo, inicialmente por meio de jornais de música, e quando tivermos uns vinte milhões de votos vamos mandá-los para os Estados Unidos. É apenas mais um passo positivo."

Por que o Canadá e não os EUA? De acordo com John Brower, membro da equipe que trabalha com os Lennon no festival e projetos afins, Lennon sente que o Canadá tornou-se a grande esperança de paz do mundo. "O clima político do Canadá é completamente diferente do de qualquer outro país. Aqui pelo menos os políticos querem ouvir o que as jovens pensam. Eles conversam, e este é um importante primeiro passo."

John e Yoko passaram os dois dias seguintes encontrando a imprensa para entrevistas pessoais e brincando na neve da fazenda de Hawkins.

Na tarde de sábado, antes do Natal, John encontrou-se com Marshall McLuhan, o profeta de cabelos prateados da comunicação. O encontro foi arranjado pela televisão CBS.

McLuhan — *Você se lembra da ocasião ou das razões imediatas do seu envolvimento com a música?*
John — Eu ouvi o Elvis Presley.

McLuhan — *Ah.*
John — E foi isso aí. Havia um monte de coisas acontecendo, mas a minha conversão vem daí. Depois disso eu mais ou menos larguei tudo.

McLuhan — *Você sentiu que poderia fazer música pelo menos tão bem quanto ele?*
John — Sim. Mas eu pensei que seria melhor juntar algumas pessoas porque talvez nós não conseguíssemos chegar lá sozinhos. Por isso fizemos um trabalho de equipe.

McLuhan — *Os ingleses tendem mais ao trabalho de equipe que os norte-americanos. Em termos de desempenho, o sistema de estrelato não é tão forte na Inglaterra. A estrela solitária...*
John — Na Inglaterra eles têm uma reação diferente e tratam seus artistas como animais. Nós não somos como os artistas norte-americanos, que são superpromovidos por Hollywood. Na Inglaterra, a gente tem de ficar quieto, fazer uma dança no London Palladium e parar de falar sobre a paz. É isso que a gente tem em Londres.

O professor McLuhan em seguida esboça suas teorias sobre por que os festivais de rock estão se tornando cada vez maiores. "A frustração cria o gigantismo. E, quando as pessoas estão frustradas, elas sentem que precisam se expandir, ganhar mais espaço. A pessoa que pára de fumar fica tão frustrada que engorda muitos quilos, mesmo se não comer nada.

A frustração nas organizações resulta em imenso crescimento das cidades, dos negócios, de países, imperativos territoriais e coisas do gênero.

A frustração libera adrenalina no sistema. A adrenalina cria músculos, braços e pernas muito maiores, e exerce um tremendo peso no corpo político.

Foi por isso que os dinossauros desapareceram subitamente, porque, à medida que o ambiente tornava-se mais e mais hostil, mais e mais adrenalina era liberada em seus corpos, e eles foram ficando cada vez maiores, até que se extinguiram.

Isso poderia acontecer com a América; já aconteceu com o Império Britânico. A adrenalina simplesmente acabou. Na verdade, as suas músicas representam o fim desse grande fluxo de adrenalina. No que diz respeito ao Reino Unido, a música dos Beatles foi o fim da adrenalina. E o começo da paz e do contentamento."

Em seguida, McLuhan mudou para um assunto mais familiar: o meio como mensagem.

McLuhan — *A linguagem é uma forma de gagueira organizada. A gente literalmente corta os sons em pedaços para falar. Mas na música cantada não existe a gagueira, pois cantar é uma maneira de esticar a linguagem em padrões e ciclos longos e harmoniosos. O que você acha da linguagem nas canções?*

John — Linguagem e canção para mim, além de serem vibrações puras, é como tentar descrever um sonho. E por não dominarmos a telepatia, seja o que for isso, nós tentamos e descrevemos os sonhos uns para os outros, para verificar entre nós o que sabemos, o que acreditamos estar dentro de cada um. E a gagueira acontece, porque nós não conseguimos comunicar. Não importa a forma como a gente diz, a coisa nunca é exatamente o que se queria dizer.

McLuhan — *Quando canta, você sente que está comunicando muito mais?*

John — Sim, porque as palavras são irrelevantes.

McLuhan — *Os cômicos Rowan e Martin afirmam: "Nós*

não contamos piadas, transmitimos um estado de espírito". Vocês se preocupam em projetar e definir um estado de espírito. Expondo alguns modelos e fazendo com que outras pessoas se identifiquem, participem e...

John — É preciso quebrar o modelo assim que ele for identificado, senão a coisa fica tediosa. O modelo dos Beatles precisa ser modificado, pois se continuar o mesmo vai se tornar um monumento, um museu, e um dos temas principais desta época são: nada de museus. Os Beatles se transformaram num museu, e por isso têm de ser mudados, deformados ou alterados.

McLuhan — *Os Beatles correm o perigo de se tornar bomgosto?*
John — Eles já passaram por isso. Agora vão ter de ser totalmente demolidos.

McLuhan — *Por que você acha que estamos desenvolvendo novos ritmos, novos padrões?*
John — Para chegar a uma completa liberdade e ausência de expectativas por parte do músico e da platéia. E, depois de vivermos com isso por algumas centenas de anos, poderemos falar novamente em tocar com padrões e compassos e música outra vez. Mas antes temos de nos afastar dos modelos que tivemos durante esses milhares de anos.

McLuhan — *Bom, isso significa um bocado em termos de descentralização do nosso mundo, não?*
John — Sim. Devemos ser um só país e ficar juntos. Não precisamos de distintivos para dizer que estamos juntos. Nós estaremos juntos se estivermos juntos, e não vai ser nenhum selo ou bandeira que vai conseguir juntar ninguém...

A neve caía em grandes lençóis brancos quando John e Yoko

saíram do escritório de McLuhan e subiram no Rolls que os levaria até a fazenda.

Estava nevando também na manhã seguinte, quando os dois se encontraram com o cômico e ativista negro Dick Gregory no aeroporto. Gregory entrou nas discussões do Festival da Paz, com vigor, dando idéias sobre maneiras de dar continuação ao festival e entretendo os anfitriões.

Segunda-feira de manhã, todos se levantaram cedo e correram à Union Station para viajarem a Montreal. Primeiro foi a entrevista coletiva com a imprensa, e depois 24 horas de encontros com políticos e representantes da comissão que investigava a legalização da maconha no Canadá.

Na manhã de terça feira, às 10h30, a imprensa de Ottawa espantou-se ao saber de um iminente encontro entre Lennon e o primeiro-ministro. Uma das condições estabelecidas pelo escritório ministerial para a realização do encontro era a de que não houvesse nenhuma publicidade antes da ocasião. Precisamente às 10h55 John e Yoko entraram de limusine no edifício do Parlamento.

O encontro entre os Lennon e o primeiro-ministro foi particular, e durou 55 minutos, após o que o casal foi sitiado pela imprensa.

"Se houvesse mais governantes como mr. Trudeau", disse John diante de um mar de câmeras e microfones, "o mundo teria paz". Mais tarde John revelou que Trudeau havia falado sobre a importância de manter um contato próximo com a juventude e que gostaria de encontrar os Lennon em termos menos formais para outras discussões.

Do escritório ministerial, os Lennon foram conduzidos até o Ministério da Saúde para um longo encontro com o ministro da Saúde, John Munro, e membros de seu departamento.

Quando o assunto da distância entre as gerações foi abordado, Munro aproveitou a oportunidade para pedir uma sugestão de Lennon. "Geralmente quando falo com os jovens", disse o ministro, "eu mal abro a boca e sou soterrado com botões, pôsteres e slogans. Lennon fez uma piada: "Pois reúna os seus próprios dísticos e contra-ataque".

De volta a Londres, John afirmaria: "Foi a melhor viagem que já fizemos. Fizemos mais pela paz nesta semana do que em toda a nossa vida".

Entrevista coletiva à imprensa

Imprensa — *Existe uma porção de gente no mundo tentando atualmente promover a paz mundial. Porque vocês pensam que podem ser bem-sucedidos no que todos até agora falharam?*

Lennon — Isso é o mesmo que perguntar por que se dar ao trabalho de continuar sendo cristão se o Cristo foi morto. Acho que, até agora, as pessoas não tentaram fazer propaganda da paz. Vamos fazer de conta que a paz é algo novo, porque nós nunca a tivemos. Então a gente começa a fazer propaganda: Compre, compre, compre.

Imprensa — *Existe alguma semelhança entre os Beatles dos tempos do Cavern Club e esta atual campanha pela paz?*

Lennon — Nós achamos que estamos no palco do Cavern, sabe, nós não saímos de Liverpool com esta campanha. E precisamos quebrar a resistência de Londres e depois da América. Hoje eu sinto pela paz exatamente o mesmo que sentia na época a respeito dos Beatles. Mas não me importa quanto tempo leve e quais serão os obstáculos. Nós não vamos parar.

Imprensa — *Houve algum incidente que envolveu você na campanha pela paz?*

Lennon — Bom, a coisa foi crescendo ao longo dos anos, mas o que disparou o processo foi uma carta que recebemos de um cara chamado Peter Watkins, que fez um filme chamado *The War Game* (*O Jogo da Guerra*). Era uma carta grande, relatando o que está acontecendo, como a mídia é controlada, como é dirigida, e terminava dizendo: "O que vocês vão fazer a respeito?"

Ele dizia que pessoas em nossa posição e na posição dele têm a responsabilidade de usar a mídia pela paz mundial. Nós ficamos pensando sobre aquela carta durante três semanas, e primeiro imaginamos que já estávamos fazendo o máximo com canções como *All You Need Is Love*.

Finalmente, partimos para os eventos *bed-in*, e foi isso que disparou o processo. Foi como receber uma convocação para a paz. Aí nós fizemos o *bed-in*.

Imprensa — *É verdade que você estava planejando ir à Biafra há pouco tempo?*

Lennon — Estava. Na época, Yoko estava grávida e nós resolvemos não ir; ela teve um aborto. Depois pensamos e pensamos a respeito. Mas ficamos com muito medo, porque nenhum de nós deseja ser santo ou mártir da paz. Eu tenho medo de ir à Biafra ou ao Vietnã, e enquanto não me convencer de que posso fazer mais lá do que fora de lá, eu fico fora. Eu iria à Rússia, mas pensaria duas vezes antes de ir à China.

Yoko — Acho que nós fizemos muito por Biafra quando John devolveu sua condecoração à rainha.

Imprensa — *Vocês disseram que iam fazer uma votação pela paz. Como respondem às acusações de que esse tipo de atitude beira à ingenuidade?*

Lennon — Vamos ver. Se alguém pensa que nossa campanha é ingênua, esta será sua opinião e tudo bem. Vamos deixar que essas pessoas façam alguma outra coisa, e se gostarmos da idéia nos juntaremos a elas. Mas até então continuaremos agindo da maneira que somos. Nós somos artistas, não políticos. Não jornalistas, nada. Nós fazemos a coisa da forma que melhor nos assenta.

Nosso negócio é a publicidade e coisas do gênero. Esse

Bed-in de Montreal, junho de 1969.

John segurando um "saco de risadas" na entrevista coletiva à imprensa de Montreal, setembro de 1969.

> "É preciso quebrar o modelo assim que ele for identificado, senão a coisa fica tediosa. O modelo dos Beatles precisa ser modificado..."

era o negócio dos Beatles. E foi esse o ofício que aprendi. Esse é o meu ofício, e estou tentando usá-lo da melhor maneira possível.

Imprensa — *Mas qual é o sentido de fazer uma votação pela paz?*
Lennon — Por que as pessoas fazem essas pesquisas Gallup? Se conseguirmos uma votação no mundo inteiro, de milhões de garotos que querem a paz, esta seria uma boa pesquisa Gallup. Depois nós poderemos acenar com esses números.

Imprensa — *Os Beatles vão tocar no festival?*
Lennon — Eu vou tentar convencê-los. Talvez consiga trazer dois deles ou coisa parecida. Eu convenci George para um concerto pela UNICEF, em Londres. Não posso falar pelos Beatles porque eu sou só eu. Mas se puder convencê-los, se puder convencer Elvis... eu vou tentar. Eu vou tentar trazer todos eles.

Imprensa — *Você acha que este festival poderia se transformar em algo semelhante ao que aconteceu com os Stones na Califórnia, quando algumas pessoas morreram?*

Lennon — Aquele negócio com os Stones foi mau. Eu ouvi coisas sobre aquele concerto. Acho que foi simplesmente um baixo-astral. Isso não vai acontecer aqui. Acho que eles criaram aquilo subconscientemente, ou sei lá, que isso é o resultado da imagem e do estado de espírito criado por eles. Acho que quando a gente cria um cenário pacífico as chances são melhores.

Imprensa — *Quando o mundo poderá atingir um estado de paz?*
Lennon — Assim que as pessoas perceberem que têm o poder. O poder não pertence a mr. Trudeau, a mr. Wilson ou a mr. Nixon. Nós somos o poder. O poder é o povo. E assim que o povo estiver ciente de que tem o poder, ele poderá fazer o que quiser. E se for o caso de não saber o que fazer, vamos anunciar que existe uma opção. Todos terão voto. Votem na paz, gente.

Imprensa — *Você não acha que suas roupas e seu cabelo comprido podem afastar as pessoas mais velhas de sua busca de paz?*
Lennon — Eu entendo isso. Muita gente me diz: "Por que você não corta o cabelo, põe um terno e gravata?", mas isso é o que fazem os políticos. Nós simplesmente tentamos ser o mais natural possível. Agora quantas pessoas do público ainda acreditam nos políticos, com fotografias de família, do cachorro, e uma amante em outra casa? Não, eu poderia fazer isso, mas não acho que as pessoas acreditariam. Esse é o caminho do político, mas é claro que a juventude não acredita mais nisso.

Imprensa — *Você alguma vez pensou em levar suas idéias a alguém como Henry Ford?*
Lennon — Quando estivermos um pouco mais organizados. Veja, o que não queremos é nos transformar em líderes.

Eu acredito no Wilhelm Reich, aquele cara que disse: "Não se torne um líder". Nós não queremos ser as pessoas que todo mundo pode apontar e dizer: "Foi por sua culpa que não conseguimos a paz". Nós queremos apenas ser parte da coisa. É como as pessoas que diziam que os Beatles eram o movimento; mas nós éramos apenas uma parte do movimento, porque éramos influenciados tanto quanto influenciávamos.

John e Yoko se recusam a ser os líderes do movimento jovem pela paz. Isso é ditadura. Nós queremos que todos nos ajudem. E então, com o tempo, essas notícias vão chegar até Henry Ford ou Onassis ou outros como eles.

Quando tivermos alguma coisa funcional acontecendo, e mais algumas pessoas que não sejam John e Yoko, poderemos abordar o assunto por este ângulo. Aí vamos poder dizer que "temos tanto em dinheiro, você não quer dobrar a quantia?" Porque nós sabemos que todos eles apenas fazem caridade por alguma razão qualquer.

Imprensa — *Você acredita em Deus?*
Lennon — Sim, eu acredito que Deus seja como uma usina de força, como as que geram eletricidade, uma espécie de usina elétrica. E que ele seja um poder supremo, que não é nem bom nem ruim, nem de esquerda nem de direita, nem negro nem branco. Ele simplesmente é. E é possível ter acesso a essa fonte de força para um fim desejado. Assim como a eletricidade pode matar gente numa cadeira ou iluminar uma sala. Eu acho que Deus é.

Imprensa — *Você não se preocupa em ser identificado como uma figura paterna?*
Lennon — Eu penso que a figura do pai e do líder são os grandes equívocos de todas as gerações antes da nossa. E que todos nós contamos com Nixon ou Jesus ou quem quer que seja; é uma falta de responsabilidade a gente esperar que alguém faça as coisas por nós. Assim, ele nos ajuda ou nós o

matamos ou votamos para que saia. Acho que este é o equívoco, ter figuras paternas. É um sinal de fraqueza; cada um tem de sujar as próprias mãos.

Imprensa — *Em poucas palavras, qual a sua filosofia?*
Lennon — Paz, não-violência e todo mundo numa boa, se você não se importa com a expressão. É claro que todos temos violência dentro de nós, mas isso tem de ser canalizado ou coisa parecida. Eu tenho cabelos compridos, não vejo por que todos os outros deveriam também ter cabelos compridos. E se eu desejo a paz, vou sugerir a paz para todos. Mas não quero coagir ninguém em nome da paz. Se algumas pessoas quiserem ser violentas, não vamos deixar que interfiram com os outros que não querem violência.

Imprensa — *Existe alguma alternativa?*
Lennon — Ou você se cansa lutando pela paz ou morre.

Imprensa — *Você não acha que essa história de paz pode ser um substituto para o problema maciço que os jovens estão tendo com as drogas?*
Lennon — Bem, o problema com o álcool é ainda pior. Eu acho que o problema das drogas é um "grilo", mas se nós não tivéssemos tido a metedrina e tudo mais, os que estão agora passando por essa viagem teriam sido alcoólatras. Do jeito que está a sociedade, parece que todo mundo precisa de alguma coisa; é por causa da pressão. Então teria sido álcool ou outra coisa. O problema não é o que eles estão tomando, é o que os fez tomar o que estão tomando.

Imprensa — *Parece-me que o melhor antídoto para o consumo de drogas e de álcool é a esperança. Você está dando esperança para os jovens.*
Lennon — A única ocasião em que eu e Yoko tomamos drogas pesadas foi quando estávamos sem esperança. E a

única forma pela qual conseguimos sair delas foi com esperança. Se pudermos manter a esperança, não vamos precisar de bebidas, drogas pesadas, nada. Mas, se perdemos a esperança, o que podemos fazer? O que restará para fazer?

Imprensa — *John, você teria chegado a essa esperança se não fosse o sucesso dos Beatles?*
Lennon — Os Beatles não tiveram nada a ver com a esperança. Isso veio depois; quer dizer, os Beatles apareceram quatro anos atrás e depois pararam de fazer excursões e tinham todo dinheiro que desejavam e toda a fama que desejavam e perceberam que não tinham nada. Então começamos nossas diversas viagens de LSD e de Maharishi e de todas as outras coisas que fizemos. E o velho sonho de dinheiro e fama e poder não é a resposta. Nós não tínhamos nenhuma esperança justamente porque éramos famosos.

Você vê, a Marilyn Monroe e todos os outros, eles tinham tudo que os Beatles tiveram, mas isso não é resposta. É por isso que John e Yoko tinham os mesmos problemas e medos e esperanças e aspirações iguais a qualquer outro casal no mundo, independentemente da posição ou do dinheiro que tínhamos. Nós tínhamos exatamente a mesma paranóia de todo mundo, os mesmos pensamentos mesquinhos, os mesmos tudo. Nós não tivemos nenhuma super-resposta vinda por meio dos Beatles ou do poder.

Imprensa — *Voltando ao começo, como você e Yoko encontraram base para dar início a esta campanha?*
Lennon — Eu e Yoko estávamos em sacos diferentes, como se diz. Mas ambos tínhamos um lado positivo: os Beatles estavam cantando *All You Need Is Love*, e ela estava em Trafalgar Square, fazendo protesto pela paz dentro de um saco preto. Nós nos conhecemos e tivemos de decidir qual era nossa meta em comum, e tínhamos uma coisa em comum: estávamos apaixonados. Mas o amor é apenas

> **"O que nós temos de fazer é manter viva a esperança, porque sem esperança nós todos vamos naufragar."**

um presente e não responde a todas as coisas; é como uma planta preciosa que a gente tem de regar, cuidar e tudo o mais.

Então, tivemos de descobrir o que queríamos fazer juntos, esses dois egos. O que eles tinham em comum era o amor; nós tínhamos de cuidar disso. A paz vai bem com o amor, pensamos. Então nós estávamos pensando em tudo isso, fazendo planos para casar, e o que íamos fazer e como íamos fazer, e *rock and roll* e vanguarda e tudo aquilo, e daí recebemos aquela carta do Peter Watkins. E tudo começou aí.

Uma conversa particular

Entrevistador — *Você ultimamente tem falado sobre o fato de os Beatles não serem mais o grupo musical de dois ou três anos atrás, que vocês todos estão agora procurando direções diferentes — o trabalho seu com Yoko, por exemplo. Na verdade, vocês estão virtualmente competindo entre si.*

Lennon — Sim, bem, o negócio é que o espaço de um disco é pequeno, nós temos de procurar outras saídas, e eu estou usando a Plastic Ono Band para isso. George vai usar o que quiser, Ringo está com um disco para sair, e Paul está fazendo Mary Hopkin ou o que resolver fazer por sua conta.

Nós ainda poderemos produzir alguma coisa como Beatles... não sei se no momento. Mas nós precisamos mais espaço... os Beatles são simplesmente muito limitados. É aí que está o problema.

Entrevistador — *Quando você trabalha num novo disco dos Beatles, com quantas composições costuma contribuir pessoalmente, e depois quantas acabam sendo usadas afinal?*
Lennon — Provavelmente, pelo menos sete ou oito de cada, e só existem catorze faixas num LP; daí você pode imaginar como é. Então a gente tem de escolher as que mais gosta, ou as que forem mais fáceis de passar para os outros.

Entrevistador — *Você se irrita de compor uma canção e não vê-la gravada imediatamente?*
Lennon — Não dá pra agüentar. Não dá pra agüentar ter composições esperando durante anos. Isso me aborrece, acho que aborrece a todos nós. Eu cortei *Revolution 2* — a que está no LP — e *Revolution 9* com eles; mas depois eles foram embora, e eu queria que saísse como compacto porque era revolução e havia um bocado de violência acontecendo, e eu queria que fosse logo lançada. Mas os outros chegaram de férias e disseram que não achavam muito comercial, ou que a música não era muito boa ou alguma besteira do tipo. E nós esperamos, esperamos, e lançamos *Hey Jude*, mas poderíamos ter lançado as duas se não tivéssemos esperado tanto.

Eu não consigo ficar esperando esse tipo de coisa. Eles me deixaram botar *The Ballad of John and Yoko* no disco, mas eu queria que fosse lançada como uma notícia quente, não como um filme posterior do evento. Eu queria o vídeo do evento acontecendo na hora, e é isso aí. Não consigo esperar.

Eu ofereci *Cold Turkey* para os Beatles, mas eles não estavam prontos para gravar um compacto, então eu fiz a música com a Plastic Ono Band. Eu não me importo como a música é lançada, desde que seja lançada.

Entrevistador — *Você já pensou em compor músicas para outros artistas como uma possível solução?*

Lennon — Não, não especificamente para eles, porque se eu componho uma música especialmente boa, ou uma que eu goste, eu mesmo quero cantá-la. Eu penso freqüentemente em dar uma música para alguém que gosto, ou coisa parecida, porém, geralmente não chego lá. Mas a coisa é com todas as nossas músicas, a remixagem é tão importante como a composição.

Entrevistador — *Quando está para gravar um novo disco dos Beatles você se sente muito excitado a respeito? O entusiasmo ainda permeia as sessões de gravação?*

Lennon — Oh, sim, e claro, é claro. Cada vez que você entra no estúdio tudo começa outra vez... as luzes e os nervos se acendem, e tudo o mais. Ainda é a mesma batalha e a mesma alegria.

Entrevistador — *A gente tem a impressão de que você é o mais ativo dos Beatles, enquanto os outros estão contentes e acomodados.*

Lennon — Não é bem assim... só no momento, porque eu ando ativo em favor da paz. Durante uns dois anos era o Paul que nos juntava dizendo: "Vamos lá, gravação", e a gente dizia: "Puxa, mas nós não estamos com vontade", e coisas do tipo. Agora eu tenho outras coisas para pensar, e isso me torna ativo.

Eu estava realmente perdendo o interesse em participar apenas dos Beatles, e acho que todos nós estávamos sentindo o mesmo, mas Paul fez um bom trabalho nos mantendo juntos por alguns anos, enquanto estávamos mais ou menos indecisos sobre o que fazer.

E eu encontrei o que fazer, e realmente não tinha de ser com os Beatles. Poderia ter sido, se eles quisessem. Mas aconteceu que eu não poderia esperar até que eles se decidissem sobre a paz ou o que fosse, sobre se comprometerem, a mesma coisa com as composições; por isso eu saí na frente e gostaria que eles tivessem vindo juntos.

Entrevistador — *Você já tentou envolvê-los nesse lance da paz?*
Lennon — Eu fiz isso no começo, mas acho que era uma coisa muito minha e de Yoko o que estávamos fazendo e tentando convencê-los a fazer, e acho que eles reagiram. Eu os amolei demais, e por isso os estou realmente deixando em paz. Talvez eles venham atrás, balançando os rabos; mas se não vierem, boa sorte.

Entrevistador — *Se eu mencionar a década de 1960, que tipo de coisas lhe vêm à cabeça?*
Lennon — Eu não penso nesses termos. Acho que os anos 1960 foram... eu não sei, foram o começo dos meus vinte anos, e os anos de 1950 foram os bons e velhos tempos, os tempos de adolescente. É isso que eles são para mim pessoalmente. Mas não penso muito nisso; não penso sobre esta ou aquela década a não ser quando as pessoas me perguntam a respeito.

Entrevistador — *E sobre novos lançamentos... Plastic Ono Band, John e Yoko, Beatles?*
Lennon — Ah, bem, a próxima coisa que está mais ou menos para sair é um disco "maluco" de John e Yoko; um dos lados é só risada, o outro são sussurros... pelo menos até agora. A gente pegou John e Yoko e alguns engenheiros — os que estavam na EMI na época — mais o cara que grava os nossos discos na Apple e o superengenheiro dos Beatles na EMI... Depois nós pusemos umas máscaras engraçadas, puxamos um fumo e ficamos rindo todas as faixas. É claro que todos os caras, mesmo os que trabalhavam para nós e que não tinham vindo da EMI, estavam soltando também

No lançamento do livro *Grapefruit*, de Yoko,
Londres, 15 de agosto de 1971.

as suas brincadeiras herméticas, compreensíveis só pelos membros do grupo.

É um barato ouvir essas brincadeiras herméticas. É como quando os Beatles costumavam fazer esse tipo de brincadeira. Qualquer grupo que se associe por muito tempo acaba desenvolvendo esse tipo de brincadeira. Depois a gente acaba contando essas brincadeiras herméticas como se elas fossem universais. E isso faz as pessoas rirem, sabe?

Depois nós começamos a peça de sussurros que Yoko tinha feito. A gente tem de sussurrar para uma pessoa e essa pessoa tem de passar para a outra pessoa, e, quando a mensagem chega outra vez ao começo, já não tem sentido. Yoko tinha feito isso num teatro com umas duzentas ou trezentas pessoas, e quando o cara sobe de volta com a mensagem para Yoko, depois de ter passado pelo teatro inteiro, ela diz: "Não me diga". Foi um barato. Então a gente fez essa sessão de sussurros na gravação, e eles filmaram a gente fazendo isso. E acabamos gargalhando histericamente.

Mas as pessoas simplesmente não conseguiam se conter. Ninguém conseguia passar um sussurro adiante, todos estavam rindo muito. Então a coisa realmente faz a gente rir. Isso vai começar o Ano Um com uma risada.

O trabalho dos Beatles está pra sair. Vai ser lançado em fevereiro... *Get Back*. E estou com algumas músicas que pretendo usar para fazer compactos com a Plastic Ono. Continuo tentando acabar as minhas músicas sempre que tenho oportunidade, porque eu escrevo uma linha, para não esquecer, e tenho de ficar voltando a ela. É por isso que tenho uns seis ou sete temas que posso chamar de composições, e mais uns seis ou sete que são apenas uma ou duas linhas ou um pensamento. Mas tenho conseguido tocar para frente, mesmo com tudo isso acontecendo. Vou concluí-los, tudo bem, porque gosto de gravar. Eu preciso gravar.

Entrevistador — *Ao término da sua semana no Canadá,*

depois dos encontros com Trudeau e Munro, como você se sente a respeito dos resultados?

Lennon — Bom, é claro que os encontros fizeram a coisa valer a pena. De qualquer forma valeu a pena. Foi a mesma coisa quando os Beatles saíram de Liverpool. Algumas pessoas acharam que nós estávamos nos vendendo quando saímos de Liverpool, ou mesmo quando saímos do Cavern Club. A coisa funciona em todos os níveis.

Se você sai de um clube de dança para tocar em outro, você perde algumas pessoas. Quando saímos de Liverpool nós perdemos algumas, mas ganhamos muitas mais. E quando saímos de Londres e da Inglaterra nós perdemos alguns ingleses que pensavam que nós estávamos nos vendendo para a América. Então eu sei que essas coisas acontecem. Mas nós estamos exatamente neste estágio — John e Yoko e esse negócio da paz —, pois estamos prestes a sair da Inglaterra, acabamos de fazer o *Ed Sullivan Show*, e tudo está começando — o Ano Um d.P.

Entrevistador — *Você se sente confiante de que o novo ano, o Ano Um, vai ser um ano positivo para a paz?*

Lennon — Bem, nós achamos que esta foi uma década positiva, não uma década depressiva. É a década da música, da nova geração, da liberdade e de um novo tipo de consciência; de todo o *jazz*, e das moratórias e dos Woodstocks e da Ilha de Wights e tudo o mais. Isso é apenas o começo. O que nós temos de fazer é manter viva a esperança. Porque sem esperança nós todos vamos naufragar.

A última entrevista

Esta foi a última entrevista de John Lennon, concedida à rádio RKO de Nova York, em 8/12/80, poucas horas antes de John Lennon ser assassinado. Existe em forma de fita cassete na sede do Fan-Club Revolution, *São Paulo.*

Lennon — Vocês estão entrevistando primeiro um, depois o outro?

Yoko — Não, foi só enquanto eles estavam esperando.

Lennon — Oh, eu sinto muito. Eu já estava de pé e ela dizia "bem...". Eu coloquei a jaqueta para sair e ela dizia: "certo, eu tirarei uma foto com a jaqueta" (*cumprimentando a todos*).

Yoko — Bem, eu só estava...

Lennon — Fazendo hora.

Yoko — Fazendo hora, certo.

Lennon — Alô, alô, testando... alô, Dave. Sim, estou certo de que ouvi sua voz. Quem é o entrevistador? Você? Vocês dois são os entrevistadores? Como vão vocês? Vocês não são John, Paul, George, Ringo e Bert, são? Não "aquele" Bert! O único Bert que eu conheço. Oh, eu conheço outro Bert. Boa noite, Bert, Ernie, Ernie. Ok, Bert... Bem, eu vi um pouco do "Sesame Street", eu e Sean. Eu conheço todos os personagens.

RKO — *Yoko, eu gostaria de fazer uma pergunta sobre vocês dois. Como é um dia típico na vida de vocês? Eu acho que os ouvintes gostariam de ouvir a esse respeito.*

Yoko — Por que você não explica isso, John? O seu ponto de vista.

Lennon — Bem, existe uma espécie de um dia básico. Eles variam ligeiramente. Se nós estamos gravando um disco ou coisa assim, aí é diferente. Mas do contrário, quando não estamos gravando e não estamos atrasados, eu levanto por

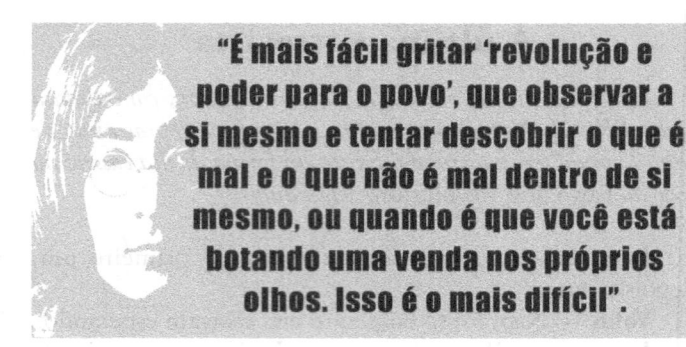

> "É mais fácil gritar 'revolução e poder para o povo', que observar a si mesmo e tentar descobrir o que é mal e o que não é mal dentro de si mesmo, ou quando é que você está botando uma venda nos próprios olhos. Isso é o mais difícil".

volta das seis horas, vou até a cozinha, tomo uma xícara de café, tusso um pouco, fumo um cigarro. Os jornais chegam às sete horas. Sean levanta entre 7h20, 7h25. Eu supervisiono o seu *breakfast* mas não o preparo mais (um aparte: não suportava mais preparar *breakfast*).Mas eu quero saber o que ele está comendo. Yoko, se ela não está realmente ocupada, algumas vezes eu acordo e ela ainda está no andar de baixo, no seu escritório, mas se não é uma fase de muito trabalho e pressão, ela pode dar uma passada pela cozinha no seu caminho para o escritório, quando eu... eu lhe preparo uma xícara de café expresso para que ela entre no elevador em boas condições (*risos*). E então eu fico por ali até mais ou menos nove horas, enquanto Sean está comendo seu *breakfast* decidindo junto com sua babá, Helen, o que fazer durante o dia. E eu me certifico de que ele assista ao PBS, mas não desenhos com comerciais. Eu não me importo sobre os desenhos, mas não quero que ele veja comerciais. Assim, quero ter certeza de que, se ele vai assistir alguma a coisa aquela manhã, que seja "Sesame Street". Depois, Sean e a babá saem para algum lugar para fazer alguma coisa, e eu volto pro meu quarto — é um quarto de dormir, mas faço tudo lá. Isto é, eu tenho instrumentos, discos e tudo o mais que eu preciso. Eu sempre costumava dizer: "O que você não pode fazer na cama, você não pode fazer em nenhum lugar". Sou um pouco como "Hugh Hefner", é como ter controles na cama, essa coisa toda. Então toco a campainha lá pra baixo e vejo o que Yoko está fazendo, porque nós temos o interfone entre os andares de cima e de baixo. Se o dia não estiver muito agitado, nós podemos nos encontrar para almoçar fora. Se não, se eu não tiver nada pra fazer fora de casa, estou de volta ao meio-dia, pra ver se Sean almoça direito e permaneço com ele enquanto come, mesmo se não vou comer. Yoko ainda está no escritório. Depois do almoço Sean costuma sair e fazer mais alguma coisa com a babá, isso caso eles tenham voltado pra almoçar. Geralmente voltam. Então eu tenho dessa hora até às cinco pra fazer qualquer coisa que quiser — ficar em casa, sair, ler, escrever, o que seja. Cinco, cinco e meia, começo a rondar pra ver se Sean voltou; se ele está de volta, de onde vem, e se está na hora do jantar. Às seis horas, hora do jantar, normalmente Yoko ainda está no escritório, então jantamos. Às sete horas, banho, isto é, Sean toma banho, minha vida gira em torno dele. Ás sete em ponto, banho. Papai sempre está junto pra assistir "Walter Cronkite". Às sete e meia há sempre algum programa pra crianças. Eu o deixo assistir uma emissora comercial, se estou presente, porque quando os comerciais aparecem, eu apenas aperto meu controle remoto que sintoniza o rádio... Não me importo que ele veja os comerciais sem ouvi-los. Isso é diferente. Das sete e meia até às oito, ele assiste a alguma outra coisa. Eu o levo pro quarto e lhe dou um beijo de boa-noite. A babá provavelmente irá ler uma história, ou qualquer coisa que ele ache na hora. Ele vai pra cama às oito. Depois eu dou um pulo no andar de baixo e digo: "Que diabo você está fazendo aqui ainda?". Se estou com sorte, ela sobe comigo e talvez nós façamos algo, mas como ela é uma trabalhadora fanática, é provável que continue até às dez horas, descanse duas horas, mais ou menos, e recomece a trabalhar à meia-noite. Porque ela está sempre telefonando para a Costa Oeste, ou Inglaterra, ou Tókio ou para onde só Deus sabe, que estão num fuso horário diferente do nosso. E assim é um dia normal na nossa vida.

RKO — *Como você sente: que você e Sean têm crescido, têm tirado proveito do seu estreito relacionamento?*
Lennon — Eu não sei se é porque ele nasceu no mesmo dia que eu, o que é um fator estranho. Ele nasceu no dia 9 de outubro, igual a mim; assim, nós somos quase como gêmeos. É uma coisa engraçada... se ele não me vê por alguns dias ou se estou realmente muito ocupado e só tenho tempo de dar uma rápida olhada nele, ou se estou me sentindo deprimido sem ele, mesmo o vendo, ele arruma um jeito de puxar conversa. E ele procede desse jeito, portanto não posso mais ter depressões artísticas, o que normalmente produz uma canção triste. E já usei isso. Agora, se eu começar a cair na fossa, afundar numa depressão, não posso curtir, ou o que quer que alguém faça com isso, tanto quanto você pode. Ele começa a vir com brincadeiras em que me sinto obrigado a participar. E, exceto algumas vezes, não consigo, porque algo me faz ficar deprimido e não há como evitar. E também, é certo como o dia, se ele pega um resfriado ou prende seu dedo numa porta ou alguma coisa acontece, e mais um motivo para eu estar sempre lúcido e saudável. Não posso mais me enfossar e dizer: "é assim que os artistas devem ser". Por exemplo: compor *blues*. É isso aí. Freqüentemente desse jeito. E nesse fim de semana houve uma grande transação porque ele foi com sua babá a Pensilvânia e desse modo eu poderia me esbaldar, mas não fiz nada, você entende.
Yoko — Silêncio, quieto...
Lennon — Eu poderia comer quando quisesse comer; porque nunca quero comer na mesma hora que ele. Não tenho fome na mesma hora. Nesse dia o apartamento estava muito quieto. E nós só...

RKO — *Você não tinha de levantar cedo, no sábado?*
Lennon — Bem, costumo levantar cedo de qualquer jeito, porque estou condicionado a isso agora.

RKO — *Estou interessado em saber por que você não quer que ele assista a comerciais. Qual a razão disso?*
Lennon — Porque eles hipnotizam você. Eu não o quero pedindo por lixos de comida, a cada dez minutos, porque sua dieta básica é muito saudável, embora eu não o faça sofrer, ou seja, ele pode tomar seu sorvete, de preferência "Hägen-Daoz", talvez, uma vez por semana. Eu tento desencorajar isso no inverno. E sua babá não é uma garota muito saudável. Eu a chamo de Rainha do Leite — eu tento limitar a quantidade de leite que ele toma, porque isso cria muco. Porém, se ele vai à casa de amigos, come o que eles comem. Mas, voltando aos comerciais, eu amo os comerciais como uma forma de arte. Eu realmente adoro o modo como eles são feitos, iguais a filmes — realmente os admiro. Acho que os melhores diretores estão fazendo comerciais e não filmes. Mas aquela repetição constante! Tenho tentado permitir que Sean veja os comerciais um pouco, mas ele não consegue se controlar mesmo que a gente discuta sobre isso, não consegue evitar de querer coisas que ele realmente não quer. E é bastante difícil criar uma criança deixando de atender a seus pedidos por porcarias, todo o tempo. Ele pode ir ao Mc Donald's de vez em quando. Eu não quero que ele vá lá todos os dias e fique vivendo com aquele lixo de comida. Basicamente é isso. E eles estão anunciando o açúcar. Açúcar, principalmente, é algo que nós não comemos, embora eu me sinta culpado por consumi-lo quando estou gravando, porque ele me dá energia. Mas desde que encontrei Yoko, em 1966, não consumo açúcar e isso passou a fazer parte da minha vida.

E os diabos dos comerciais, os programas são perfeitos para crianças. Eu nem mesmo tenho restrições a desenhos violentos porque Sean compreende os desenhos de um jeito diferente de filmes. O problema é aquele incessante açúcar, açúcar, açúcar, e a única mudança é pra hambúrguer, *cheeseburguer*, hambúrguer, *cheeseburguer*, açúcar, açúcar, açúcar, açúcar. Penso que isso destrói a saúde física das crianças e por conseqüência afeta a saúde mental delas.

RKO — *Vocês se consideram afortunados de serem capazes de terem tempo disponível? Ambos podiam responder a essa pergunta.*
Lennon — Eu realmente me considero afortunado. Mas aproveito esse tempo. Qualquer artista famoso ou quem quer que esteja nessas condições, e eu não vou apontar nenhum nome ou muitos deles irão ter problemas com seus filhos, matam-se de diversos modos. Eu não compro aquela idéia de qualidade sobre quantidade. Uma hora inteira por semana rolando no tapete é melhor do que vinte minutos por dia de você sendo um "puto" e apenas ficando perto de seu filho. Por isso tento nunca ser aquela espécie de Deus Todo-Poderoso que está sempre sorrindo e coisa e tal, aquele pai maravilhoso. Eu não estou divulgando uma imagem de uma pessoa que sabe tudo sobre crianças — ninguém realmente conhece crianças — essa é a verdade. Veja nos livros. Não há verdadeiros *experts*. Todos têm uma opinião diferente. De certo modo você aprende errando. E já fiz uma porção de erros, mas que é que posso fazer? Eu acho que é melhor pra ele me ver como sou. Se estou mal-humorado, estou mal-humorado. Se não estou, não estou. Daí se quero tocar, toco. Se não quero, não toco. Eu não vou me prostar a ele. Eu sou com ele tão direto quanto posso ser. E, sim, posso dispor de tempo pra mim. Mas qualquer um com uma mulher que trabalha pode ser capaz de ter tempo disponível, isso se eles não tiverem uma mulher que realmente trabalhe muito, porque são pobres e ambos têm de trabalhar pra enfrentar o custo de vida... mas, eu conheço uma porção de pais que

> **"Eu nunca me vejo senão como artista. E nunca me permito acreditar que um artista possa 'ficar seco'."**

não estão dando esse duro, e apenas ficam sentados durante o dia todo no escritório, evitando a vida.

Yoko — Evitando ir pra casa (*risos*).

Lennon — Você sabe, sentando atrás de mesas e não fazendo nada, apenas misturando papéis. Aguardando a hora do almoço para tomarem um coquetel. Mas eu não compro essa idéia: "minha carreira é mais importante que meus filhos", o que eu já fiz com meu primeiro casamento e com meu primeiro filho. E me arrependo disso, sabe, porque ele já está com dezessete anos. Meu outro filho, do meu primeiro casamento, está com dezessete anos. Eu não me recordo dele criança. Sabe, era o auge da fase Beatles e eu estava trabalhando o tempo todo. E nunca me importei com o que estava acontecendo com ele. Nem mesmo dei muito valor para isso. A mãe estava em casa. Eu estava longe.

RKO — *Na época, você considerou isso?*

Lennon — Eu nem mesmo me dei conta, como muitos caras de vinte e quatro, vinte e cinco anos, eles estão realmente muito concentrados na sua carreira. É um luxo, de certo modo.

Não é tarde, ou talvez seja. Eu não sei. Só espero que

o que for que eu faça agora, eu não tenha de pagar. Porque acho que você não pode maltratar as crianças — se você as maltrata quando são crianças, elas farão você pagar quando tiverem dezesseis ou dezessete anos, revoltando-se contra você ou odiando-o por todos aqueles já famosos problemas de adolescência. Eu não penso realmente que isso seja uma coisa inata do temperamento. Penso que isso acaba quando eles amadurecem o suficiente para enfrentar você e dizer o quanto hipócrita você tem sido todo esse tempo. "Você nunca me deu o que eu realmente queria". Por isso espero — eu realmente estou encarando isso de forma calculada — dar-me a ele agora. Talvez ele não seja tão violento quando tiver dezesseis ou dezessete anos.

RKO — *Você sabe o que está acontecendo nesta sociedade* (USA) *nesse exato momento?*

Lennon — Acredito que é o que está acontecendo com todos, entende? Eu acho aquela idéia de não amamentar mais no seio, não toque neles, você vai inutilizá-los. Eu penso que é loucura de algum lunático. Sei que é quase o mesmo nos EUA, mas crianças masculinas na Inglaterra são criadas para defender a pátria. É isso aí. Sabe, você tinha de ter disciplina e não comover o garoto. Ele tinha de ser firme, um garoto era realmente programado para ir pro Exército. É isso aí. E você tinha de ser valente. E você não devia chorar. E você não devia mostrar emoções. Sei que os americanos mostram mais as emoções. Eles são mais abertos que os ingleses. Mas aqui é bastante semelhante. Existem aqueles princípios, calvinista, protestante, anglo-saxônico, que pregam "não se comova, não reaja, não sinta". Penso que isso é o que nos endurece a todos. E penso que é hora para uma mudança.

RKO — *Eu acho interessante que você tenha feito esse comentário sobre não ser desculpa o fato de não ser um* pop-star, *porque estou certo de que existem pessoas que, quando escutarem* *esta entrevista e ouvirem você dizer isso, dirão: "Oh, tá certo, John e Yoko podem ficar atrás e dizer que nós gastamos tempo, mas nós temos de passar por tudo isso"...*

Lennon — Bem, Yoko era uma artista pobre, quando eu a encontrei, e não vivia nas melhores condições. Ela tinha uma filha e a filha ia junto pra onde ela fosse. Ela não tratou sua primeira filha como eu tratei o meu.

Yoko — Ela foi até no palco junto comigo.

Lennon — Ela levou-a para o palco. Isto é, uma coisa um pouco antinatural — e ela a levava em filmagens, eu vi, antes de nós estarmos juntos, eu a vi trabalhando e o jeito como trabalhava. Kyoko ficava circulando por todo o lugar. E existem muitas pessoas com inclinação artística que têm trabalhado assim. Não só a partir da década de 1960, como também na de 1930 e em qualquer outra época. Por isso, mesmo que eu fosse pobre, iria encontrar um jeito para meu filho ficar por perto, de algum modo. Eu teria escolhido uma carreira que possibilitasse isso. E você não tem de ser rico para amar seus filhos.

RKO — *Então você tomou essa decisão consciente de dar-se a seu filho e a esse relacionamento?*

Lennon — E aprender com ele também. Eu aprendi bastante com as crianças, porque elas não são hipócritas nem fingidas. Qualquer um que passe algum momento com elas sabe que é bom, eu acho, porque muitas pessoas têm uma tendência a ser tornar ridículas. E as crianças não entram nessa.

RKO — *Eles sabem quando você é chato. Você acertou na mosca quando disse que é preciso ser franco com elas. Elas sabem quando você não está sendo franco. E elas reclamam. Quer dizer, eu telefonei pro meu filho Jack, para desejar-lhe um feliz aniversário. Bem, eu estava um dia atrasado, e então ele disse: "Meu aniversário não é hoje. Foi ontem" (risos).*

Yoko — Isso é terrível! (*risos*) Sean disse outro dia que quer ser pai, quando for mais velho.

Lennon — Oh, é verdade. Isso foi porque eu não tinha ido pra um estúdio por cinco anos ou coisa assim. Então ele estava acostumado a me ter a seu lado todo o tempo. Porque pra mim é um prazer ficar em casa. Eu sempre fui uma pessoa caseira. Acho que uma porção de músicos é. Sabe, de uma forma ou de outra, você escreve ou toca em casa. Ou mesmo quando eu queria ser pintor, quando era mais jovem, eu fazia tudo dentro de casa. Ou escrever poesia. Foi sempre em casa. Mas eu recomecei a trabalhar, entende, e ele passou a me ver um pouco menos. Eu havia permitido que ele fosse comigo pro estúdio, mas era um pouco aborrecido pra ele. Ele ficava excitado no começo, mas durava pouco. No final da sessão, já estava farto. Teve uma noite em que voltei de manhãzinha, quando ele estava levantando, então ele me viu de um jeito muito diferente. Eu estava esfarrapado, entende, daquele jeito. E então um dia quando nós estávamos juntos na cama, ele levantou e disse: "Você sabe o que eu queria ser quando crescer?" E eu disse: "Não, o quê?" Ele olhou-me dentro dos olhos e disse: "Apenas um pai" (*risos*). E eu pensei, hum, hum. "Você não gosta que eu esteja trabalhando e saindo um bocado!" Ele disse: "Certo". (*risos*) Eu disse: "Bem, eu te digo uma coisa, Sean. Lidar com música é algo que me faz feliz, e eu posso brincar com você se estou mais feliz, certo?" Ele disse: "Ah, ah." E isso terminou por aí. Quer dizer, eu acho que estava enchendo o saco dele, mas ele me pegou com a guarda aberta com aquilo: "apenas um pai".

RKO — *Esse era o jeito de ele se expressar?*
Lennon — Sim, é bastante direto, não é? (*risos*)

RKO — *Quando a gente deixa os filhos em casa, sente-se como se estivesse roubando-lhes algo. Eu viajei ontem, e volto pra casa hoje à noite. Quando parti, eu disse a meus filhos:*

John dando entrevista durante as audiências do caso com a imigração, Nova York, agosto de 1974.

"Tchau, Jack, tchau Joe". Joe tem apenas dois anos. Eu disse tchau pro Jack, e ele ficou bravo e foi pro seu quarto. Quando lhe telefonei ao chegar em Nova York e disse oi, ele já estava diferente.

Lennon — E me senti culpado, durante a maior parte da gravação de *Double Fantasy*, devo dizer. Nós mantínhamos a fotografia de Sean pendurada no estúdio, porque eu não queria perder contato com o que eu tinha obtido. Estava apavorado comigo mesmo, achando que, voltando a trabalhar, eu poderia me tornar egoísta, e me voltar só pra mim mesmo. Nós tínhamos essa foto no estúdio o tempo todo, no meio das caixas acústicas, de maneira que toda vez que checava o estéreo, ele estava nos olhando o tempo todo. Eu passei por esse sentimento terrível de culpa e, em absoluto, não queria colocar isso de lado, porque sei que em parte eu não precisava me sentir culpado. Eu tenho direito a ter meu próprio espaço também. Mas, ainda assim, isso atormenta você.

Yoko — Mas ao mesmo tempo, nós estávamos dando a ele um espaço também.

Lennon — Oh, sim. Ele precisa de espaço também. Eu sempre penso nisso. Quando não estou por perto, ele relaxa mais com Helen, com relação a comer com garfo e faca. Já comigo, tenho a mania de querer que ele seja um pequeno cavalheiro, e talvez isso não seja necessário. Entende, parte da educação britânica aparece e eu me vejo dizendo: "Bem, esse é o estilo norte-americano de comer. E se você usar o garfo, tudo bem. Agora, se você usar a faca é melhor, e no Japão você usa os palitos adequadamente". Portanto, ele realmente precisa de um descanso de mim, também.

E um pai feliz é melhor que um pai rabugento. E eu não estava usando o meu espaço. Eu estava sempre pensando: "O que está acontecendo? Eu estou fazendo isso do modo certo? Por quê?"

RKO — *Existem alguns tipos diferentes de escola, para onde você pode mandar seus filhos, nas quais eles não se sentem abor-*

recidos e abandonados. Como Jack, que vai à escola por apenas duas horas, três vezes por semana. Apenas para eles aprenderem diversas coisas, mas o principal é poder brincar com crianças da mesma idade.

Lennon — Bem, ele vê crianças, também. Ele sabe que horas eles saem da escola. Ele sabe que eles estão vindo pra casa. Ele sabe que é pouco o tempo que eles passam na escola, de qualquer modo. E seu vocabulário é fantástico, porque ele tem estado com adolescentes mais do que com crianças. E realmente eles não necessitam desse tipo de companhia até seis ou sete anos. Podem relacionar-se com outras crianças. Uma hora junto com outras crianças sempre gera atenção, entende, quem quer ser o centro de atenção após uma hora de brincadeira juntos. Normalmente você tem de separá-los por uns momentos, porque eles não estão realmente prontos para permitir o espaço ao outro e ter amizades reais. Embora ele tenha uma amizade verdadeira com esse garoto ou com mais ou menos três garotos. Mas, ainda assim, aos seis ou sete anos é mais importante, eu acho, pelo tipo de comunidade. E eu digo a ele, se fica aborrecido: "Você sabe onde seus amigos estão. Eles estão a duas quadras daqui. Estão na escola". Ele diz: "Não, eu espero até às quatro". Porque ele sabe que tudo o que eles ensinam lá é sentar direito.

RKO — *Vocês se consideram pais rigorosos? Pelo menos sobre seu código moral e sobre o que é certo ou errado?*

Lennon — Bem, você entende, se eu conhecesse os segredos do que é certo e errado... Bem, eu desejaria que todos nós soubéssemos os segredos, ninguém realmente sabe. Essa é a questão. E ninguém realmente sabe o que é melhor para crianças. Eles são iguais a cobaias, com que cada geração faz experimentos. Eu sei que, se você vai muito longe para o lado liberal, eles provavelmente crescerão disciplinados. Se você lhes dá muita disciplina, eles acabarão indo para o lado oposto. Estou tentando apenas não ter uma disciplina pesada sobre comportamento. Somente não ser grosseiro e não ferir outras pessoas. E, sim, você tem de escovar os dentes após as refeições. Quando você come, coma, depois brinca, não os dois ao mesmo tempo. E horário certo pra dormir. Acho que horários regulares é bom para eles. Eu, nós, realmente tentamos outra forma, de deixá-lo ir dormir quando tivesse vontade, mas não funcionou. Quer dizer, ele gostou da liberdade e desse modo ele relaxou. Mas por outro lado, ele começou a ficar cansado. E assim por diante.

Yoko — Mas ele tem de ser disciplinado de um certo modo, você sabe, porque...

Lennon — Bem, eu o disciplino.

Yoko — E você faz, eu sei.

Lennon — E eu nunca bati nele ou coisa assim.

Yoko — Eu sempre cooperei também, não? Eu sempre digo: "Papai sabe melhor".

Lennon — Eu sou um dos melhores pais que ele já teve. (*risos*)

Yoko — Bem, é melhor você perguntar a seu pai, porque ele sabe melhor.

Lennon — Ela ainda é uma mãe verdadeira, porque quando chega aquela hora, sobre quem tá cansado e irritado, ela pode lidar com ele, e eu ainda sinto dificuldade.

Yoko — É verdade.

Lennon — Então, pra estar disposto a tê-lo arrastando-se sobre mim, quando eu estou cansado e irritado, eu preciso de descanso.

Yoko — A outra coisa que é muito estranha é que, provavelmente (*risos*), o engraçado é que deve haver algum tipo de conexão física e é por isso que posso me tranqüilizar. Eu não sinto aquilo, mesmo quando ele está longe, eu quero dizer, no andar de cima. Mas estou aqui trabalhando, e nós somos como que conectados um ao outro e ao que nós estamos fazendo...

Lennon — Porque ele vem a toda hora no andar de baixo...

> **"Eu acredito no Wilhelm Reich, aquele cara que disse: 'Não se torne um líder'".**

Yoko — E ele se machuca ou algo assim. Outro dia, eu de repente, acordei mais cedo, de manhã, o ouvi chorar. Mas foi apenas um instante após eu acordar que ele começou a chorar, corri até ele. E isso porque há aquele tipo de intuição, como se eu já soubesse o que ia acontecer, entende?
(...)
RKO — *Ela não tem necessariamente de ser política.*
Lennon — Não, mas política estava no ar aqueles dias. Quer dizer, sabe, você não podia evitar isso, certo? E sendo artista, quando nós entramos em alguma coisa, a gente entra com tudo, você entende o que quero dizer? Nós queríamos ficar bem dentro do que acontecia.
Yoko — Bastante envolvidos. Na linha de frente, sabe. Mas como nós sempre dissemos pra todo mundo: "Com flores mas, ainda assim, bem na linha de frente, nós queríamos ir até o fim com aquilo". E acho que nós fomos até o fim porque nossas intenções eram boas.

RKO — *Bem, "Woman is the Nigger of the World" foi a coisa mais pesada, militante, feminista, que surgiu até então.*
Yoko — Sim, é verdade.

RKO — *Provavelmente até mesmo hoje.*

Yoko — Não, ela foi a primeira. Uma canção feminista feita por um cara, entende.
Lennon — Foi antes de Helen Reddy, eu sei disso.
Yoko — Oh, claro, com certeza.
Lennon — Certo, e ela fez *Sisters Oh Sisters,* no lado B, uma versão *reggae.*
Yoko — Mas a questão era essa, sabe. Isso é algo que vai ocorrer a alguém mais tarde. Mas ela já estava fazendo isso, sabe, e nós estávamos muito orgulhosos com aquele disco nesse sentido, até que fomos "malhados". Nós não nos sentimos envergonhados, e você sabe, aquela revista *Rolling Stone* nos elegeu como o casal mais chato do ano, e realmente nos abalou, mas tudo bem.
Lennon — Bem, se aquilo é chato, então nós não vamos fazer mais.

RKO — *Mas tudo, cada declaração que saía de vocês dois, era tomada como: "O quê? O que é que eles estão fazendo?" Ou era tomado como extremamente radical ou percebido como excêntrico ou* avant-garde.
Lennon — Certo.

RKO — *Tudo tem seu lado árduo, embora. "Eu quero ter algo cruzado com vocês, gente." Como vocês se sentiam? Quero dizer, vocês estavam tentando cruzar alguma coisa, ou não?*
Lennon — Dividir isso — sabe, é como quando você esteve em algum lugar bonito, como Bali, e seus amigos, não, e você quer dizer: "Meu Deus, eu estive em Bali, cara, e é 'o' lugar" . E é assim que nós somos em relação às coisas. Nós ficamos entusiasmados e excitados. O mesmo se deu quando de repente me ocorreu que amor era a resposta, quando eu era mais jovem, no disco *Rubber Soul* dos Beatles. A primeira expressão disso foi uma canção chamada *The Word.* A palavra amor, nos bons e maus livros que eu tenho, qualquer que seja, sempre a palavra amor, me pareceu o tema básico para o uni-

verso. E foi uma luta para amar, ser amado e expressar aquilo, entende. Há alguma coisa sobre amor que é fantástico, muito embora eu nem sempre tenha sido uma pessoa amorosa. Eu quero ser assim. Eu quero ser tão amoroso quanto possível. Num sentido cristão, tão igual a Cristo quanto possível. No sentido hindu, tão gandiano quanto possível. E nós sempre abordamos isso de forma diferente, e quando eu a encontrei, muito embora fôssemos de duas escolas diferentes de pensamento, nós encontramos um denominador comum. Esse é o porquê de nos tornarmos o casal de "paz e amor". Porque antes de eu a encontrar, ela estava protestando contra a guerra dentro de um *sleep bag*, em Trafalgar Square. E quando nos encontramos e discutimos o que nós queríamos fazer juntos, o que queríamos era continuar — eu com meu amor, amor, amor, e ela com sua paz, paz, paz. Junte tudo isso e verá como nós chegamos ao *bed-in*. Porque eu não podia ir para Trafalgar Square, como John Lennon, e deitar num *sleep bag* porque eu poderia ser atacado. Era perigoso naqueles dias. Até para ela era perigoso, sendo um protesto individual. Assim, nós desenvolvemos um jeito de expressar o que nós sentíamos e acreditávamos, da melhor forma possível. E, sabe, eu voltei a ouvir disco pela primeira vez desde 1977, quando estava nas Bermudas, antes de fazer esse álbum. E fui finalmente sugado por um disco, por um assistente meu. Eu estava lá, e no andar de cima estava tocando *Rock Lobsters* dos B52 e eu disse: "É Yoko? E alguém disse: "Eu pensei que havia dois discos tocando juntos ou coisa assim", porque achei que era tão parecido, tão Yoko. Aí eu a chamei: "Benzinho, você já ouviu isso? Agora eles estão prontos pra nós". Cara, nós podemos ir e fazer nosso repertório sem mesmo mudar nada. Nós podemos voltar atrás e desenterrar os velhos discos, os velhos discos que fizemos. Eu curti o B52 e falei pro meu assistente que tinha tentado me ligar neles dezoito meses atrás. Mas eu disse: "Não, eu não estou interessado em música agora". Eu não queria ouvir nada. Ele estava tentando tocar para mim Pretenders e Madness e todos esses grupos, e eu não queria escutar. E analisei então todo esse material e disse: Alá! Finalmente eles chegaram onde nós estávamos. E nós achamos seguramente que eles iriam entender isso. E aqui estamos nós novamente. Não é muito diferente daquilo que já fizemos. Se você analisar os discos do Plastic Ono Band, *Mother*, por exemplo. Eles tinham *Mother* e *God* e algumas canções assim. E aquele álbum que tinha a mesma capa, mas um tipo de truque inverso — a primeira faixa do disco dela chama-se: *Wide*. Você a toca e toca algo moderno de agora. Não é a mesma coisa de 1969?

Yoko — Idêntico é a palavra.

Lennon — Idêntico ao que nós fazíamos. Idêntico. E agora nós vamos nos juntar.

Yoko — Mas, veja você. Nós ficamos tão sós, entende, por dez anos, que eu não posso acreditar ainda que eles estejam fazendo a mesma coisa agora. Mas sabe, dessa vez, mesmo assim, eu tenho receio que eles não comprem o disco porque estou nele. Por isso eu estava muito preocupada por causa de John.

Lennon — Eu a fiz sentar e disse: "Escute", ela não gosta de escutar. Ela gosta de fazer algo mais enquanto escuta. Mas eu a segurei na cadeira e disse: "Escute isso, *Rock Lobster*. Escute esse disco".

Yoko — E vi que o que eu tinha feito estava nesse disco e não era mais muito extravagante. Mesmo assim em *Moving On*, quando fiz aquele tipo de final (*imitando um orgasmo*), eu tinha receio de que alguém da gravadora pudesse dizer: "Oh, Yoko está fazendo um número extravagante" e, sabe, isso poderia matar a chance de John novamente.

Lennon — Mas eu não teria feito, se nós não tivéssemos feito isso juntos. O fato é que, se eu não pudesse trabalhar com ela, nem teria me preocupado em voltar a gravar. Eu não iria curtir soltar um disco solo, tendo de fazer o disco sozinho ir ao estúdio sozinho. Sabe, o fato que importa é marido e mulher juntos, mostrando-se como homem e mulher juntos, e não como objetos sexuais que cantam canções de amor e estão disponíveis para o público. Não é isso. Nós estamos nos mostrando como um casal. E trabalhar com o seu melhor amigo é um divertimento. E não pretendo parar com isso. Se nós não tivéssemos tido o sucesso que tivemos com esse disco, eu estaria do mesmo modo muito feliz, porque sei que posso viver sem isso, como muitas pessoas fazem. Os Beatles tiveram os cinco primeiros lugares da parada uma vez, certo? Por isso eu não posso ter mais do que já tive, com relação a isso. Não estou dizendo que "eu" nunca possa ter os quatro ou cinco primeiros lugares, porque isso seria estar desejando má sorte pra mim mesmo. Mas vamos encarar a realidade. Eu tive minha época de Elvis e consegui meu próprio espaço no *show*. Eu quero estar agora com meu melhor amigo. Meu melhor amigo é minha mulher. Quem pode querer mais? E acho que isso é apenas o começo, entende. *Double Fantasy* é o primeiro disco. Eu sei que nós trabalhamos juntos no passado. Nós até fizemos discos juntos, mas eu sinto como se nada tivesse acontecido antes de hoje.

RKO — *Quando vocês dois cantam o amor, é possível definir que tipo de amor é esse, ou se é só uma coisas pessoal entre duas pessoas? Existe muita diferença?*

Lennon — Eu não sei. Eu acho que...

Yoko — Eu acho que amor é amor, não é? Quer dizer, você sabe disso também, Lennon. Você sabe o que ele é, mas você não pode defini-lo.

É, todo mundo sabe o que é o amor. Quer dizer, não é algo que você possa explicar. É como um poder mágico.

Lennon — Eu tentei defini-lo no Plastic Ono Band com uma canção chamada *Love*. *Love* estava no Plastic Ono Band ou no Imagine?

Yoko — Estava no Plastic Ono.

Lennon — Eu tentei defini-lo do meu jeito, assim como:

> **"Eu sou um artista, não um cavalo de corrida."**

"Amor é real, real é amor". Quer dizer, é uma letra muito simples, talvez até simplista. Eu não sei se poderia ser diferente. Você pode dizer que amor é igual a uma flor?

Yoko — É como dizer, sabe, como é o amor? E você diz: H_2O. Não significa nada.

Lennon — Amor é qualquer coisa, quando você se sente bem, e o contrário...

Lennon e Yoko — ... não é amor.

RKO — *Naquele mesmo disco, quando você cantou pela primeira vez* Hold On *(segure a "barra"), você tinha idéia das coisa que iriam acontecer mais tarde?*

Yoko — Não. Interessante, não é.

Lennon — Não, não, não, nenhuma idéia.

Yoko — Oh, mas uma outra coisa é que, já que John explicou isso, eu tenho que explicar o meu lado. É que John e eu somos uma espécie de protótipo daquela situação. O mundo estava me pressionando demais, realmente demais, e realmente me sufocando de forma que eu não podia trabalhar mais. E quando John estava em Los Angeles, eu realmente tive tempo suficiente pra pensar sobre tudo isso. Descobri que era a sociedade, não era tanto John. Era a sociedade que estava bagunçando as coisas, sabe. E quando John veio para Nova York, tentando conciliar nosso relacionamento, eu disse...

Lennon — Ajoelhado não, apenas em um joelho.

Yoko — E, sabe, ele cantou aquela canção *Bless You* pra mim e eu chorei de verdade.

Lennon — Porque essa foi feita pra Yoko.

RKO — *Você disse que quando fez esse disco estava falando basicamente para as pessoas de trinta e quarenta anos e que se os garotos gostassem, ótimo, mas que foi feito pensando nesse grupo de pessoas, que hoje é a média de toda a América. Nós todos estamos ficando mais velhos. Mas se o clichê é verdadeiro, como se supõe, nós todos nos tornamos mais conservadores ou sensíveis, ou seja lá o que for, quando nós ficamos mais velhos. Isso é o que nossos pais dizem: "Espere até você ter... certo, você é radical agora, mas espere mais vinte anos ou dez anos, volte e você vai estar..." Você vê isso acontecendo e acontecendo com você? Quer dizer, ouvindo esse disco, que é obviamente um pouco sentimental, um pouco...*

Lennon — Bem, é mais sentimental do que, hum...

RKO — *Eu não sei se sentimental é a palavra ou...*

Yoko — *All you need is love* ou...

Lennon — Bem, eu lhe digo o que é. Sabe, não tem de se atrofiar porque está ficando mais velho, se essa é a maneira correta de dizer isso. Entende, esse negócio que se diz a respeito de quando se fica mais velho. Se você acredita nesse mito, é novamente aquele negócio do sistema da crença. Quando nós éramos crianças a década de 1930 estava morta, certo? E estou com quarenta anos agora e me sinto apenas, eu me sinto melhor do que antes. Você pode atrofiar suas idéias de vida tanto aos vinte, trinta, quarenta anos. Eu conheço alguns garotos que deixaram a escola na mesma época que eu, que depois de seis meses de trabalho ficaram completamente quadrados. Pode-se dizer, conservadorismo. Eles podem ter

John Lennon com Mick Jagger, março de 1974.

(*Da esquerda para a direita*) David Bowie, Art Garfunkel, Paul Simon. Yoko e John na entrega do *Grammy Awards,* março de 1975.

sido socialistas conservadores na Inglaterra. Existem tantos conservadores na esquerda como na direita. Não é uma questão de política o conservadorismo. É uma questão de coisas. Não se fica tão instável emocionalmente quando se envelhece. Porque, quando se é jovem, seus hormônios são diferentes, por isso tem de se expressar completamente diferente. Pode-se tornar mais sentimental sem se tornar rígido. Eu ainda estou aberto a tudo. Ainda acredito quase em tudo, até prova em contrário. Eu não tenho nenhuma resposta preparada. Estou tão aberto como nunca, mas eu não sou talvez o mesmo. Meus hormônios não funcionam do mesmo modo, só isso.

Yoko — Olhe, penso totalmente ao contrário. Quer dizer, todos esses homens na menopausa são aqueles que são realmente violentos e estão pensando em matar cinco milhões de pessoas. O que há de sentimental nisso? E o negócio é que os jovens estão apaixonados e eles são gentis. Quer dizer, volte a *I wanna hold hour hand*. Aquelas são canções muito mais sentimentais. E nós estamos falando sobre recomeçar. Estamos falando em nos apaixonar novamente um pelo outro, entende. E isso é a coisa jovem mais bonita e nova pra se fazer. Ninguém na menopausa pode fazer isso. Você falou disso totalmente ao reverso, por isso essa idéia convencional que, se as pessoas estão falando sobre amor, isso significa que elas estão fora do jogo, sabe, tá errado. E o que tá dentro são as pessoas que estão falando sobre "eu quero chutar seu traseiro" ou coisa assim. Entretanto...

Lennon — (*cantando*) Eu quero chutar seu traseiro.

Yoko — Ou, sabe, algo assim, ou alguma canção violenta que é dirigida bem pros jovens, é totalmente a idéia errada. E a coisa mais útil é estar amando, e ser gentil, saber ser sensível, sabe. E quando você fica mais velho, você se torna menos sensível. E então você começa a pensar em mandar embora as pessoas, apertar botões e explodir bombas atômicas. Por isso, acho que sua pergunta está totalmente errada.

RKO — *Eu estava falando principalmente, e talvez eu não tenha me expressado corretamente, mas eu estava falando principalmente de música.*

Lennon — Ei, escute só "Kiss, Kiss, kiss" e "She's 47", certo? Por isso saí dessa.

RKO — *Mas para um monte de disc-jóqueis, de algum modo, há essa idéia de que uma vez que a pessoa atingiu a idade de vinte e cinco ou trinta anos, eles estão apelando a esse segmento. Nós podemos somente porque as pessoas que uma vez quiseram ouvir o* rock *de Elvis Presley, Little Richard e The Beatles...*

Lennon — Eu não acho que seja assim, você acha?

Yoko — Música é apenas um formato e nós estamos adicionando muitos formatos diferentes e isso que é interessante. Mas *new wave* vai ficar velha um dia também, sabe.

Lennon — Um velho chapéu a qualquer minuto.

Yoko — Sim, será um chapéu velho. E eu acho que é bom descobrir todas essas formas diferentes de música, e isso é legal. Mas ao mesmo tempo não significa, não quer dizer que a velha forma não significa nada. De fato, se um jovem, uma pessoa da nova geração pegasse um velho estilo como Elvis ou algo assim, você não poderia dizer que ela estivesse ficando sentimentalista ou coisa assim.

Lennon — Eu te dou um rápido exemplo: aquela canção de Bruce Springsteen *Hungry Heart*, que eu acho um ótimo disco, é pra mim algo que está na mesma fase de *Starting Over*. Eu acho que aquela canção *Touch and go* dos The Cars saiu direto da década de 1950, mas com o estilo da década de 1980, e isso é o que acho que *Starting Over* é também. É uma canção da década de 1950, com o tempero da década de 1980.

Yoko — Olha, os estilos musicais nunca morrem. Pode voltar a Chopin ou a Beethoven ou Bach, entende. Eles são tão atuais como sempre. Por isso qualquer estilo que se use está bom. Entretanto você tem de sentir e definir o que você deve usar. Se você se limitar a um estilo específico e disser: "Bem, eu tenho de estar por dentro, e é por isso que eu vou entrar nessa". *New wave*, por exemplo, eu não entrei nela, quer dizer, *Hard Times Over* não é *new wave*, e uma porção de gente me disse: "ouça, sabe, de repente agora eles estão sacando tua mensagem e estão fazendo todas essas coisas, agora você tá aparecendo. Mostre a eles a 'velha onda', sabe, o quanto você é capaz de fazer. Você tem de os superar". Eu não sinto assim. Eu queria expressar o que estava dentro de mim da maneira mais apropriada. E o que saiu foi *I'm Your Angel*, que eu gosto muito. E não estou resistindo àquilo. Eu não penso que tenho de ser nova intelectualmente.

Lennon — Mais uma coisa. Olha, dizem que a discoteque está terminando agora. Sabe, eu nunca achei que se pode gostar de *rock* e não de discoteque. Eu gosto de discoteque por ela ser contagiante. E todas essas reclamações sobre todas as músicas *disco* serem iguais é exatamente o que eu ouvi sobre Little Richard e Fats Domino. Não poderia se notar a diferença por causa da base ser sempre a mesma, os saxofones. Mas se podia sempre escolher entre as melhores músicas de Fats Domino. Agora, *disco* também é parte do cenário musical. Está integrada no todo. Influenciou o *country*. Influenciou o *rock*. Influenciou a balada. Agora é parte da música. Com a *new wave* vai acontecer a mesma coisa. Será apenas uma nova onda que vai juntar-se ao oceano da música. E essa constante tentativa de rotular as coisas em grupos é a mesma mentalidade que tenta segmentar as coisas em religião, nacionalidade, cor, credos, sexos. É tudo a mesma coisa. Vamos esquecer esse negócio de categorias pra tudo.

RKO — *Apenas canções.*
Lennon — É a manifestação da música, como...
Yoko — Você descobriu que em *Double Fantasy* existem

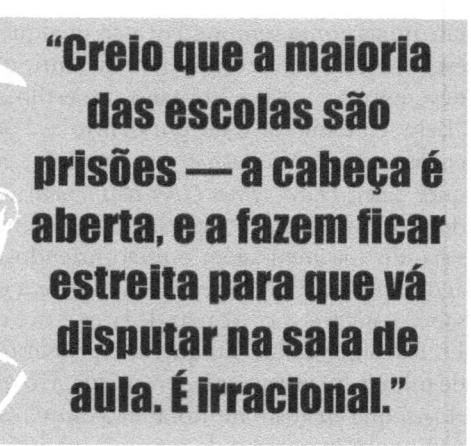

> "Creio que a maioria das escolas são prisões — a cabeça é aberta, e a fazem ficar estreita para que vá disputar na sala de aula. É irracional."

vários estilos musicais diferentes. Sabe, não é como se nós ficássemos presos somente a *blues*, ou *rock*, ou *country*, ou o que quer que seja. Cada uma tem uma forma diferente, entende?

Lennon — Espere até ouvir minhas canções *country*. Você não perde por esperar (*risos*). Eu adoro *country*. Hank Williams é uma das minhas maiores influências.

Yoko — John, John, nós temos que ir para o estúdio.

Lennon — Onde nós estamos?

RKO — *... pra sempre aqui. Você poderia falar alguma coisa sobre isso?*

Lennon — Bem, sabe, hum...

Yoko — Nós temos de gravar outro disco primeiro...

Lennon — Eu estou tão faminto pra gravar discos, por causa do jeito como me sinto. Quero gravar mais alguns discos antes de sair para as excursões. Gostaria de fazer pelo menos mais um disco, antes de realmente tomar aquela decisão final de chamar aqueles músicos caríssimos e levá-los para a estrada. Mas quando eu entrei nisso, não tinha intenção de me apresentar ao vivo, porque notei que uma porção de gente, como Clapton, raramente faz qualquer apresentação ao vivo. Eles apenas fazem um vídeo promocional e gravam discos. Por isso, parte de mim pensa desse modo, mas por outro lado, quando nós estávamos no estúdio gravando *Starting Over*, não sei se foi Tony, o baixista, ou o baterista que falou "Vamos fazer isso de novo?" Quer dizer, vamos levar isso pra estrada. Essa foi a primeira vez que pensei na idéia e pensei: Meu Deus, isso poderia ser divertido, não é? E, se nós pudéssemos fazer isso, do jeito que fizemos o disco, nos divertindo, curtindo a música, curtindo tocar e ser aceitos como John e Yoko, então eu ficaria feliz de sair pra estrada.

RKO — *Em lugares pequenos ou grandes?*
Lennon — Esse é o problema, sabe? Esse é um problema que eu não quero pensar a respeito. Não sei se o Madison Square Garden é realmente o que eu quero, mas se eu for me apresentar num lugar pequeno, vão dizer, "ele não pode mais se apresentar no Madison Square Garden". Eu devo me importar com isso? Não sei. Mas certamente existe uma grande possibilidade de, quando tivermos lançado nosso próximo disco, as pessoas já conheçam as músicas de *Double Fantasy*, e portanto nós podemos sair e apresentar as canções de *Double Fantasy*, as do novo disco, em vez de ter de reformar a *Imagine* ou antes de *Imagine* até. Eu realmente não quero sair e apresentar (*cantando*) "Yesterday, all my troubles seem so far away". Quer dizer, só se eu quisesse particularmente fazer alguma canção antiga dos Beatles — se eu quisesse fazer isso. Mas eu não quero.

RKO — *Ótimo, ótimo, obrigado. Nós queríamos te segurar por mais tempo.*
Lennon — O que é isso?
Yoko — Um presente de Laurie e...

(*cumprimentos inaudíveis, vozes demais falando ao mesmo tempo*)

Lennon — Eu adoraria assinar isso. Sim. Eu fiz a dedicatória... oh, ótimo, nós adoramos o presente.

RKO — *Eles fabricam isso em Godzilla e em Drazon.*
Lennon — Eles adoram monstros, sim. Toda essa paz e bate-papo. Adoram isso. Armas e lutas, marciais e sabe... Eu tenho uma caneta de lá.

RKO — *Para Debbie; espero que nos encontremos em São Francisco. Ela poderia adorar estar lá com vocês.*
Lennon — Quando esta entrevista será transmitida? Eu gostaria de ouvi-la. Mesmo.

RKO — *Nós lhe mandaremos uma cópia.*
Lennon — Tá legal. Mas eu gostaria de ouvi-la. É igual ao disco. Eu ouvi o acetato, mas não escutei de verdade, até tocar no rádio.

RKO — *Você gostaria de escutá-la no rádio?*
Lennon — Sim.

RKO — *Bem, vou telefonar pro John e descobrir exatamente em que estações de Nova York vai pro ar, em que horário e...*
Lennon — Ok, ótimo.

RKO — *Eu lhe mandarei uma cópia de toda a entrevista.*
Lennon — Eu adoraria isso, mas não é real, enquanto não for para o ar...

RKO — *Você irá ouvi-la ou na WOR ou na WYLO.*
Lennon — Oh, ok, tudo bem, eu conheço essas duas estações.

(mais conversas paralelas, falando sobre outros discos, enquanto assinam alguma coisa)

Lennon — Eu estou querendo dizer que esse foi o diferencial dos Beatles. Eles nunca se fixaram a um estilo. Eles nunca fizeram só *blues* ou só *rock*. *Nós adorávamos todo o tipo de música, e eu ainda adoro...*

John Lennon em foto tirada por Annie Leibovitz, Nova York. 1970.

JOHN LENNON
Por Outros

Uma recordação

Mick Jagger

Meu primeiro encontro com John Lennon me provocou um sentimento de humildade, o que de certa forma é curioso. Eu não sabia o que dizer a ele. Os Beatles eram tão grandes na época — isso foi em 1963, antes de termos gravado nosso primeiro disco —, e nós não éramos realmente ninguém. Estávamos exatamente a um passo do sucesso quando eles vieram nos ver tocar. Quer dizer, eles eram monstros sagrados. Não eram apenas músicos, eram como ídolos da juventude, maiores do que a vida real. E usavam *roupas de couro*, coisa que ainda não podíamos comprar.

Uma noite, quando estávamos tocando num clube de Richmond — naquela época só tocávamos *rhythm and blues* e algumas músicas do Chuck Berry —, eles vieram e ficaram de um lado da platéia (usando capas de couro!), e eu não queria olhar para eles. Eu estava embaraçado demais, mas John foi muito legal, depois. Eu disse: "Você toca gaita, não? — ele tinha tocado gaita no *Love Me Do* —, e ele respondeu: "Mas não como você. Eu só sopro e chupo. Nós não tocamos *blues*".

Essa foi a primeira vez que os vi. Eles voltaram para nos ver tocar diversas vezes no Crawdaddy e no West End, e John veio mais vezes do que os outros. Eles costumavam freqüentar discotecas como a Ad Lib — isso foi mais ou menos um ano depois (John gostava de ir a clubes noturnos) —, e me lembro de que uma vez, quando estávamos todos juntos num desses clubes, George estava botando banca, falando quantos discos os Beatles tinham vendido mais do que nós. O que não estava sendo discutido, mas o George parecia tão ansioso em defender seu ponto de vista! Depois de ouvir tudo aquilo, John disse: "Olha, não ligue para o George. Ele ainda não se acostumou com o fato de que pode vender discos". Foi muito legal da parte dele. John nem sempre era a pessoa cáustica que às vezes podia ser.

Eu gostava muito dele. Era com quem eu me dava melhor. Nós não éramos unha-e-carne, mas éramos sempre amigáveis. Porém, depois que os Beatles e os Stones pararam de tocar em clubes não nos vimos muito; nós estávamos excursionando e eles também. E de certa forma nós competíamos com eles naquela época. Mais do que qualquer um de nós, Brian Jones sentia que estávamos competindo — na época todo mundo estava numa competição *terrível* —, e se os Beatles estavam na América, faríamos um comentário, com uma ponta de malícia, que não estavam tocando na Inglaterra e tudo o mais. Mas éramos amigos deles, devo dizer.

Não vi muito John depois disso, até que ele se separou de Yoko, por volta de 1974. Aí ficamos realmente amigos outra vez, mais amigos do que jamais tínhamos sido, na verdade. Nos encontramos algumas vezes em Los Angeles, mas nos vimos mais em Nova York e também em Montauk, Long Island, onde ele ficou hospedado na minha casa. Nos divertimos bastante. Ficávamos muito bêbados, saíamos de barco e ficávamos cantando e tocando violão. Nessa época John estava se preparando para gravar o disco de *rock and roll*, e estava me usando abertamente para decidir o que gravar. Nós ficávamos cantando todas as velharias e ele escolhia as que gostava.

Depois que voltou com Yoko, John entrou em hibernação. Ele estava morando perto de onde eu morava em Nova York, mas provavelmente eu era considerado uma "má influência", e portanto nunca mais me encontrei com ele depois daquilo. Em uma ou duas ocasiões em que fui visitar alguém no Dakota, deixei um bilhete para ele dizendo: "Eu moro na casa ao lado. Sei que você não quer ver ninguém, mas se quiser, por favor, apareça". Ele nunca apareceu.

No meu passaporte existe uma anotação afirmando que o cancelamento do meu visto foi revogado "em razão do precedente Lennon". John lutou contra a ação da justiça a respeito dos problemas de visto por causa da condenação por *marijuana* na Inglaterra — nós também fomos presos nessa mesma época — e ganhou a luta depois de cinco anos e 250.000 dólares de custos legais. Por isso me lembro de John cada vez que entro neste país.

Mas John tinha uma coisa: a gente ficava sempre um pouco consciente de que ele estava "ligado". A gente se sentia relaxado, mas por outro lado não, porque, se descesse a guarda, se dissesse alguma bobagem, ele saltaria imediatamente pra "pegar no seu pé". Acho que toda fama e fortuna puseram John muito na defensiva, primeiro mentalmente, depois fisicamente. Mas os Beatles sempre tiveram a sensação de não poderem sair na rua. Eles levavam uma vida reclusa; nunca iam até a esquina pra comprar papel de enrolar cigarros, por exemplo, e costumavam comentar sobre o fato de eu fazer isso. É claro que naquela época as garotas faziam filas na porta da gente, e não se podia sair. Se você quisesse um sorvete era preciso mandar alguém comprar. Mas depois de um tempo aquilo passou e a gente pôde viver uma vida normal, exceto que as pessoas param na rua para dizer olá. Mas John ainda vivia uma vida reclusa até que se mudou com

Yoko para Nova York. E achava que estava muito mais livre aqui. Ele andava na rua e as pessoas diziam: "Olá, John", e só. Ele gostava disso, mas eu acho — e essa é a parte irônica e terrível — que ele ainda achava que queria ficar protegido do mundo exterior.

Um atrapalho no trabalho

Paulo Leminski

O específico do discurso de Lennon parece ser uma subversão sistemática dos códigos de registro da escritura, bem dentro do juvenil espírito de quebra-quebra que caracterizou a década de 1960.

John não escreve errado: ele, moleque, escreve "erros". E subverte a grafia dos vocábulos, introduzindo neles ruídos arbitrários, grafite, deformando a *gestalt* ortográfica das palavras, deixando subsentidos se infiltrarem pelos interstícios das frases. Uma escrita "fria", nos termos de McLuhan, uma escrita porosa, como a TV, que convida à participação.

Em *Um Atrapalho no Trabalho*, prosa *pop*, prosa da era da TV, do videoteipe, clipes, VTVTTVTVTVVTTTT, etc., arte de arte, o Beatle faz gato e sapato das receitas de todos os gêneros, excomunga os lugares-comuns. E, trapalhão, atrapalha todo o andamento do trabalho: uma gota da baba de Dadá, no comportamento textual do "Working Class Hero".

Nenhuma fórmula verbal escapa da verve cínica e sarcástica daquele que escandalizou o mundo ao dizer "somos mais populares que Jesus Cristo".

O conto. A anedota. O poema. A história da carochinha. De detetive. A peça de teatro. A carta do leitor. A entrevista. O anúncio. A frase de TV. A notícia de jornal. A canção de ninar. *Um Atrapalho* é o caleidoscópio de todas as formas verbais imagináveis, erodidas e erotizadas como paródia.

> "Nunca aleguei ter uma resposta para a vida. Eu só faço Música..."

Mas o humor do *Nowhere Man* não é um bom humor.
É a graça que nasce do azedume (não há sexo na prosa de Lennon).

Em suas fulminantes anedotas, sempre tendentes a estados caógenos, crepusculares, na fronteira entre o inteligível e o ininteligível ("Dividido Davi", "Os Famosos Cinco Através das Ruínas de Eagora", "Linda Linda Cremilda", "Mr. Boris Norris", "Elerico e Eurique"), o desfecho é sempre trágico ou melancólico, com toques às vezes sádicos e mórbidos, teratológicos.

O Beatle máximo era, hoje sabemos, um "maior abandonado", aquela pessoa profundamente insegura, poço de angústias, atingida no coração e na cabeça pela súbita idolatria mundial em escala nunca vista.

Existe alguma coisa de propositadamente desajeitado, *awkward, clumsy, gauche*, na linguagem de Lennon. Como se, como Oswald de Andrade, ele temesse escrever "certo demais". Só isso bastaria para fazer dele um escritor de relevo num mundo, como a literatura, onde ainda e sempre acabam imperando a frase certa, a gramática "correta", a ortografia ortodoxa e os efeitos garantidos, o terno e a gravata.

Mas só as estrepolias, peraltices e malcriações de linguagem não bastariam para definir a arte textual do Beatle.

É genial sua fantasia fabular e ficcional, capaz de urdir

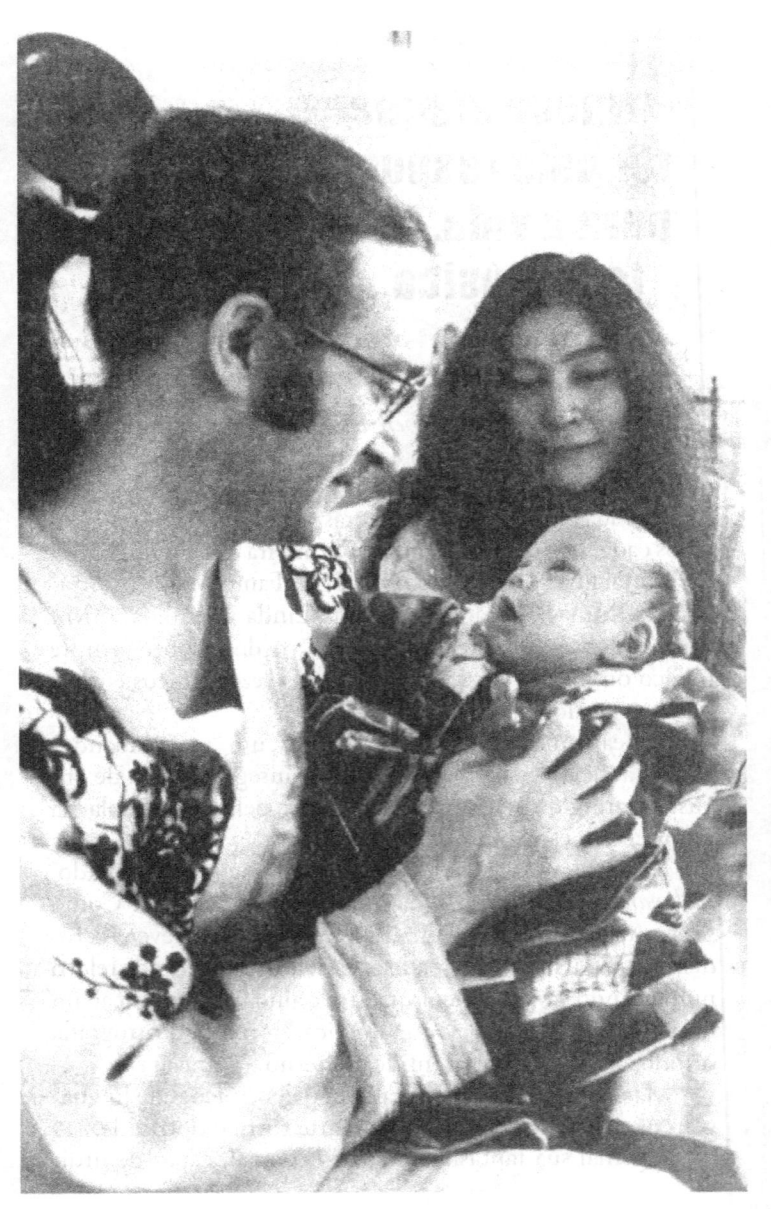

John, Yoko e Sean.

enredos e pequenas intrigas com ingredientes ínfimos, sempre sob o signo do imprevisto tragicômico. Através de um espírito lúdico, muitas vezes aparentemente destrambelhado e arbitrário, passa todo o sopro do nosso tempo: a irreverência de uma época *post*-utópica, cética, crítica, cínica, que já riu de todos os deuses, e transformou a vida em espetáculo e *show*, enquanto *The Day After* não vem.

Na prosa de Lennon está toda a Inglaterra careta, onde a Beatlemania e a revolução dos jovens caiu como uma bomba H. A galeria dos pais e senhores, que pensam conhecer o significado da vida.

A mediocridade canalha da vida política ("General Erection"). A mediocridade doméstica do dia-a-dia da pequena classe média.

As mães megeras. Os homens de negócios e pais operários que não sabem que tudo mudou e que os filhos adolescentes riem de seus códigos de postura, sua moral, sua tabela de objetivos na vida, as filhas menores fazem sexo grupal, os filhos dão a bunda e tomam pico, todos candidatos a uma "Magical Mistery Tour" em direção a "Strawberry Fields", como membros, *groupies* ou tietes de uma das "Sergeant Pepper's Lonely Hearts Club Band", que pululariam às centenas de milhares.

O garotão de origem operária que fumou maconha no banheiro do Palácio de Buckingham, um pouco antes de a rainha condecorar os Beatles com a mais alta comenda do Reino Unido, *brincava em serviço*.

E brincava alto, brincava pesado, brincava leve, brincava bravo, brincava lindo, Lennon rindo.

Vamos brincar com ele.

Meu amigo John Lennon

Marco Antônio Mallagoli

Tudo começou logo após o meu encontro com George Harrison, em fevereiro de 1979, por ocasião do Grande Prêmio do Brasil, quando George esteve em São Paulo. Eu nunca tinha imaginado um dia ver pessoalmente um dos Beatles e quando o milagre aconteceu, pensei: por que não ver os outros três?

Comecei a planejar uma viagem aos EUA, onde tudo seria mais fácil, o que acabou acontecendo quando abri uma loja em São Paulo na qual seriam vendidos apenas materiais dos Beatles, que chamei de *Revolution*. Era janeiro de 1980 e fui convidado a participar de um encontro entre todos os fãs-clubes americanos em Nova York, a cidade em que morava John. Lá chegando, tive a oportunidade de ir ao famoso Dakota, para tentar conhecer pessoalmente John. Ao chegar, me apresentei ao porteiro e fui encaminhado ao secretário de John. Na hora pensei que fosse muito fácil, mas fiquei decepcionado quando a pessoa que fosse me atender pediu meu telefone e disse que mais tarde entraria em contato comigo. Respondi que ficaria apenas dois dias na cidade e gostaria de falar com John antes de ir embora. Ele disse que eu não me preocupasse, que, assim que fosse possível, entraria em contato comigo. Mais tarde vim a saber que essa pessoa era o contador que trabalhava para John. Ele foi muito seco e saí de lá decepcionado.

Cheguei a pensar, nessa hora, que nunca conseguiria realizar o meu sonho. Após esse meu primeiro contato tive a chance de voltar a Nova York mais três vezes, e em nenhuma delas, embora eu passasse grande parte do tempo esperando John sair do prédio, fui bem-sucedido. Agora sei que, em uma das vezes que estive lá, ele estava viajando com Sean, exatamente na época em que compôs as músicas do LP *Double*

Fantasy. Dessa vez tive a sorte de encontrar Yoko na rua, e num pequeno bate-papo ela me informou que John nunca mais iria gravar nada, que eles não tinham mais nada para falar porque já haviam falado tudo antes. Ao comentar com alguns amigos norte-americanos o fato, me disseram que Yoko não era realmente muito amigável e que eu não devia confiar muito nas informações dela. Ela tinha muito medo de ser seqüestrada ou assaltada nas ruas e normalmente dava qualquer resposta para se ver livre das pessoas. Um medo que até certo ponto tinha fundamento, pois Nova York é uma das cidades mais violentas do mundo.

Mas para mim o que valia era a palavra de Yoko. Consegui chegar perto de John, pois os dois estavam sempre juntos. Mas não seria ainda dessa vez que o encontraria. Ao se aproximar o início de outubro, com as notícias de que John estava gravando um novo LP, lá fui eu de volta a Nova York, mas dessa vez para, pelo menos, vê-lo à distância. Levei de presente de aniversário o LP brasileiro *Os Reis do ié-ié-ié* e, junto com algumas pessoas que lá estavam, fiquei de plantão na porta do Dakota. A essa altura eu já era bem conhecido dos porteiros, zeladores, enfim de todo o pessoal que trabalhava lá. Todos eram muito bacanas e fiquei amigo de vários porteiros que muito me ajudaram a encontrar John.

No dia 8 de outubro estava lá, esperando que ele saísse, quando de repente encostou uma limusine prateada, de placa ESQ105, e o porteiro me avisou que era o carro dele — embora não precisasse dizer nada, pois estava cada vez mais nervoso.

O carro parou em fila dupla e aguardou alguns momentos. De repente, entrou na arcada do Dakota e estacionou. Eu e mais alguns amigos norte-americanos, e outros com quem fiz amizade na hora, nos aproximamos, mas o porteiro pediu que ficássemos fora do portão (o que era difícil de obedecer, mas tentamos). De repente, o motorista entra no carro e dá a partida. Alguém rapidamente abre as portas de trás e aparecem, primeiro, Yoko e, logo em seguida, John.

Os dois estavam de boina e óculos escuros, e antes que John entrasse no carro uma garota gritou: "*Happy Birthday, John.*" Ele pôs o rosto para fora e respondeu "*Thanks*", e entrou no carro.

O motorista então arrancou, e a única coisa que deu pra ver foi ele sentado e acenando para nós. Fiquei entusiasmado, mas, ao mesmo tempo, decepcionado. Afinal de contas, era a primeira vez que eu me encontrava com John Lennon e tudo tinha sido muito rápido. O "*Thanks*" que ele havia falado não saía do meu ouvido e eu estava feliz. Não cabia em mim de tanta alegria.

Como eu ia embora dali a três dias, vi as minhas chances de bater um papo com ele bem diminuídas e deixei o disco, que eu queria ter dado pessoalmente, com o porteiro, que me garantiu que ele chegaria às mãos de John sem problemas. Fui embora.

Voltei no dia seguinte, que era 9 de outubro, o grande dia, pois existe o provérbio que diz que a vida começa aos quarenta anos. Nova York estava linda, o céu de um azul fantástico e um calor bem gostoso, sem ser exagerado. Uma multidão estava em frente ao Dakota, e ao chegar fui conversar com meus amigos (pois a gente fazia revezamento e sempre que alguém de nossa turma chegava, contávamos tudo que havia acontecido durante a ausência), que me contaram que John havia retornado às 14 horas (portanto ele havia ficado fora vinte e quatro horas). Mas entrou tão rápido que ninguém o viu passar. Percebemos então que havia algumas pessoas no terraço do prédio, acima da avenida Central Park.

Fomos para lá e qual não foi a nossa surpresa ao constatar que Sean era uma das pessoas que lá estavam. O pessoal começou a gritar para que ele chamasse o pai. O garoto sumiu e dali a alguns instantes voltou e gritou para irmos à entrada do prédio. Foi uma correria incrível, embora bastasse virar a esquina. Lá chegamos e ficamos esperando. De repente

> "Depois que tudo foi realmente dito e feito/ Nós dois somos realmente um. Pessoa fazendo perguntas perdidas em confusão/ Bem, eu digo que não há problemas, só soluções."

surge Yoko, que tentou falar com as pessoas do grupo, mas todos queriam falar ao mesmo tempo e ela, vendo que nada conseguia, conversou com um rapaz que tinha vindo da Bélgica — fisicamente ele se parecia muito com Lennon e, por uma grande coincidência, se chamava John — e entrou.

Ele, então, transmitiu o recado: John estava muito cansado para descer; que ele agradecia a todos e esperava que entendessem. Logo em seguida, um rapaz apareceu na porta com um cesto de doces e algumas balas e nos disse que tudo aquilo havia sido enviado por John e Sean, como agradecimento aos presentes. O pessoal que estava lá correu para apanhar as coisas e fui ao encontro desse rapaz. Ele se chama Fred e é o verdadeiro secretário de John.

Ele foi muito agradável e simpático, e quando lhe disse que tinha vindo do Brasil para ver John e desejar feliz aniversário, ele me surpreendeu. Disse:

— Ah! foi você que enviou aquele disco engraçado para o John? O que quer dizer o título?

John Lennon em seu apartamento em Nova York, 1975.

Eu expliquei, ele achou muito engraçado e me disse que eu havia conseguido grande coisa com aquele disco. Eu quis saber o que era. Ele disse que havia muitos anos John não ouvia nada dos Beatles, e quando ele viu o disco achou curioso e ouviu os dois lados. E se mostrou interessado em conhecer-me. Eu lhe falei que *eu* é que estava interessado em conhecê-lo pessoalmente havia muito tempo. Ele riu e prometeu que iria falar de mim a John, e levou com ele o número dois da revista *Revolution*, na qual John me daria um autógrafo e ele enviaria para o Brasil. Agradeci e ele entrou.

Foi uma vitória, eu não podia acreditar em tudo aquilo. Quando saímos à rua (pois eu tive de entrar na arcada para conversar com Fred), todos olhavam para o céu. É que vários aviões estavam escrevendo mensagens de aniversário para John e Sean, o que fez com que Nova York inteira soubesse que era aniversário dos dois. Era o presente de Yoko. Os aviões escreviam: Feliz Aniversário, John e Sean", "*Love to John and Sean, from Yoko*", e coisas parecidas. Nova York era uma verdadeira festa. Tudo respirava John, Yoko e Sean. À noite John deveria ir comemorar seu aniversário no Tavern of Green, um restaurante que fica dentro do Central Park. Mas, conforme soubemos no dia seguinte, estava tão cansado que preferiu ficar dormindo.

Dia 10 de outubro. Para mim foi um dia fantástico, pois me encontrei e conversei com John. Eu ia passando, com meu amigo Osni, em frente ao Dakota, e vimos a limusine parada em fila dupla e ninguém na porta esperando-o sair. imediatamente atravessamos a rua e fomos para lá. Pedi a Osni que ficasse de prontidão com a máquina fotográfica (a mesma que havia fotografado George) e pedi para ele ir batendo fotos sem parar, não importando se John consentisse ou não.

Ficamos esperando que ele aparecesse. De repente, a minha amiga Ann (que havia chegado há pouco) grita:

— Olha ele aí!

Eu me virei e John estava caminhando em direção ao carro, bem perto de mim. Eu me virei e disse:

— Oi, John, eu sou aquele cara do Brasil que te mandou o disco...

Ele, me dando a mão, disse:

— Ah, é você, muito prazer. Então, eu lhe pedi um autógrafo e ele deu na hora. Perguntei sobre as turnês que ele iria fazer no próximo ano, e me confirmou que tinha planos de ir ao Japão, Europa e interior dos EUA. Então, perguntei:

— E o Brasil?

E a resposta foi só uma:

— Por que não? Posso fazer alguns *shows* por lá.

Se eu já estava perplexo, daí então passei a não acreditar em mais nada. Perguntei o que eu teria de fazer para conseguir isso, e ele me respondeu:

— Vá ao meu escritório e converse com meu secretário, ou me escreva uma carta, que iremos acertar esses detalhes.

Eu perguntei ainda sobre o novo LP e ele disse que seria lançado dia 15 de novembro. Disse que já havia escrito algumas cartas e que ele nunca havia respondido; então me disse que esta ele iria responder. Como eu não tinha mais nada para perguntar (só um trilhão de coisas), ele pediu licença e foi embora. Ao entrar no carro, ainda me acenou, como uma promessa de um breve reencontro.

O carro partiu e eu custei a aterrissar, pois era muito bom para ser verdade, e o pessoal que havia visto o nosso papo não podia acreditar que ele havia sido tão atencioso comigo. Mais tarde, ao encontrar um dos porteiros do prédio, um senhor cubano que trabalha lá havia alguns anos, chamado José, me contou que havia encontrado com John naquele mesmo dia e ao perguntar sobre mim, John respondera:

— Gostei muito daquele rapaz, ele me pareceu ser um velho amigo que há muitos anos eu não encontrava, e quero muito ir ao Brasil para conhecer. Eu quero ir lá no Carnaval, botar uma máscara na cara e sair nas ruas dançando sem que ninguém saiba que sou eu. Vou entrar em contato com ele, pois quero ir para lá junto com ele.

Essa revelação me levou para o mundo da lua, pois nunca iria imaginar que um dia eu seria tão "amigo" de John Lennon. No dia seguinte, bati um papo com o secretário dele, que me informou: realmente John queria ir ao Brasil para conhecer e ver alguns locais para futuros *shows*. Eles entrariam em contato comigo no começo de 1981 para iniciarmos o planejamento da viagem. Ele me confirmou tudo o que o porteiro me dissera. Era verdade.

Foto de John Lennon feita por Annie Leibovitz,
3 de dezembro de 1980.

JOHN LENNON
Discografia

1968 — *Unfinished Music nº 1 — Two Virgins* (Inédito no Brasil).

1969 — *Unfinished Music nº 2 — Life with the lions* (Inédito no Brasil).

1969 — *Wedding Album* (Inédito no Brasil).

1969 — *Plastic Ono Band — Live Peace Toronto.*

1970 — *John Lennon / Plastic Ono Band.*

1971 — *Imagine.*

1972 — *Some Time in New York City.*

1973 — *Mind Games.*

1974 — *Walls and Bridges.*

1975 — *John Lennon – Rock'n Roll.*

1975 — *Shaved Fish* (Coletânea).

1980 — *Double Fantasy.*

1982 — *The John Lennon Colection* (Coletânea).

1984 — *Milk and Honey.*

1984 — *Unfinished Dialogue — Heart Play* (Entrevistas).

1986 — *John Lennon Live in New York City.*

1987 — *Menlove Avenue.*

1988 — *Imagine — The Movie.*

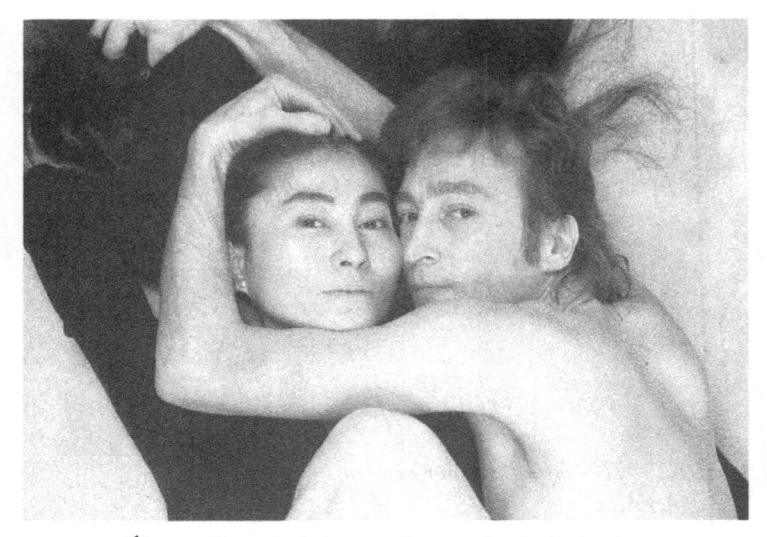

Últimas fotos de John, tiradas por Annie Leibovitz, 3 de dezembro de 1980. Foi uma das poucas vezes que John e Yoko permitiram que um fotógrafo os retratasse em casa.

JOHN LENNON
Filmografia

1969 — *Apotheosis* (John & Yoko).

1969 — *Ballad of John and Yoko* (John & Yoko).

1969 — *Erection* (John & Yoko).

1969 — *Fly* (John & Yoko).

1969 — *Honeymoon* (John & Yoko).

1967 — *How I won the War* (John).

1972 — *Imagine* (John & Yoko).

1969 — *Rape* (John & Yoko).

1969 — *Rape — Part II* (John & Yoko).

1969 — *Self Portrait* (John & Yoko).

John Lennon e Yoko Ono, 1970.

1969 — *Smile* (John & Yoko).

1969 — *Two Virgins* (John & Yoko).

1969 — *Bottoms* (John & Yoko).

1969 — *Rock and roll circus* (John, Yoko, Rolling Stones).

1969 — *24 Hours* (John & Yoko).

1969 — *John and Yoko have a message* (John & Yoko).

1971 — *Up your legs* (John & Yoko).

1972 — *Man of Decade* (John & Yoko).

1974 — *Salute to Sir Lew Grade* (John).

1986 — *Live in New York City* (John & Yoko).

1988 — *Imagine —The Movie* (John & Yoko).

1989 — *Live Peace in Toronto* (John & Yoko).

John fazendo um programa de TV, na BBC de Londres, 1966.

John Lennon na época do LP *Sgt's Peppers*, 1967.

JOHN LENNON
Leitura Recomendada

A Balada de John e Yoko — Círculo do Livro e Livros Abril, São Paulo, 1983.

A Vida dos Beatles — Hunter Davies, Editora Expressão e Cultura, Rio de Janeiro, 1968.

Canções (1968-1980) — John Lennon, Coleção Rock On nº 5, Centelha Promoção do Livro, Porto, 1982.

John Lennon — Lúcia Villares, Ed. Brasiliense.

John Lennon — Tadeu Gonzaga Martins, Editora Síntese, Porto Alegre, 1981.

John Lennon Remembered — Bantam Book.

Lennon — Up Close & Personal — Sunshine Publications Inc.

Lennon Remembers — Penguin Books.

Lennon no Céu com Diamantes — Lúcia Villares, Brasiliense, São Paulo, 1983.

O Pensamento Vivo de John Lennon — Editora Martin Claret, São Paulo, 1986.

Revista *John Lennon Documento* — Editora Três.

The Beatles — Geoffrey Stokes, Círculo do Livro, São Paulo, 1982.

The John Lennon Story — George Tremlett, Futura Publications.

The Lennon Tapes — British Broadcasting Corporation.

The Playboy Interviews with John & Yoko — New English Library.

Um Atrapalho no Trabalho — Ed. Brasiliense.